Autor _ BYRON
Título _ POEMAS

Copyright	Hedra 2008
Tradução©	Espólio de Péricles Eugênio da Silva Ramos
Primeira edição	Coleção Toda Poesia, Art Editora, 1989.
Agradecimento	Clóvis F. da Silva Ramos e Iumna Maria Simon
Eds.	2008 2010
Corpo editorial	Adriano Scatolin, Alexandre B. de Souza, Bruno Costa, Caio Gagliardi, Fábio Mantegari, Felipe C. Pedro, Iuri Pereira, Jorge Sallum, Oliver Tolle, Ricardo Musse, Ricardo Valle

Dados

Dados Internacionais de Catalogação na Publicação (CIP)

Byron, George Gordon (1788–1824)

Poemas. / George Gordon Byron. Tradução e organização de Péricles Eugênio da Silva Ramos. — São Paulo: Hedra, 2008. Segunda edição. 168 p.

ISBN 978-85-7715-078-6

1. Poesia Romântica. 2. Poesia Inglesa.
I. Título. II. Ramos, Péricles Eugênio da Silva, Tradutor.
CDU
CDD 821

Elaborado por Wanda Lucia Schmidt CRB-8-1922

Direitos reservados em língua portuguesa somente para o Brasil

EDITORA HEDRA LTDA.

Endereço	R. Fradique Coutinho, 1139 (subsolo) 05416-011 São Paulo SP Brasil
Telefone/Fax	+55 11 3097 8304
E-mail	editora@hedra.com.br
site	www.hedra.com.br

Foi feito o depósito legal.

Autor _ BYRON
Título _ POEMAS
Organização e tradução _ PÉRICLES EUGÊNIO
DA SILVA RAMOS
São Paulo _ 2011

George Gordon Byron (Londres, 1788—Missolonghi, 1824), dito Lord Byron, poeta inglês que encarnou como nenhum outro o arquétipo do ideal romântico, tanto em sua vida como em sua obra. Nascido em Londres, passa a maior parte da infância na Escócia, com sua mãe, Catherine Gordon. Seu pai, o capitão John "Mad Jack" Byron, morre quando ele contava apenas três anos de idade, depois de ter dilapidado a fortuna da mãe. Aos dez anos, herda o título de lorde e as propriedades de seu tio-avô. Em 1807, publica seu primeiro volume de poemas, *Hours of Idleness*, recebido com sarcasmo pela *The Edimburgh Review*. Logo após atingir a maioridade e tomar assento na Câmara dos Lordes, em 1809, viaja pela Europa e pelo Oriente Médio, passando por Lisboa, Espanha, Gibraltar, Malta, e pela Grécia, cuja paisagem e costumes lhe causariam profunda e duradoura impressão. Lá Byron dá início ao *Childe Harold's Pilgrimage*. A publicação dos dois primeiros cantos desse longo poema autobiográfico granjeou-lhe fama imediata. Casa-se em 1815 com Anne Isabella Milbanke, que o abandona um ano depois, em parte devido aos rumores da relação incestuosa que Byron manteria com sua meia-irmã Augusta Leigh. Viaja para a Itália, onde inicia romance com a condessa Teresa Guiccioli, envolvendo-se superficialmente na política revolucionária dos carbonários. Em 1819, publica os dois primeiros cantos de sua obra-prima *Don Juan*, sátira na qual Byron confere ao herói libertino um realismo até então desconhecido, dando uma nova dimensão ao personagem. Engaja-se na luta dos gregos pela independência em 1823, comandando pessoalmente uma brigada de soldados suliotas contra os turcos, mas não chega a presenciar o sucesso da revolução. No ano seguinte, contrai uma febre e falece em Missolonghi, na Grécia.

Poemas reúne parte das composições mais significativas de Byron, amparadas de introdução e notas elucidativas de Péricles Eugênio da Silva Ramos. O critério de escolha dos poemas líricos aqui recolhidos seguiu as mais abalizadas antologias byronianas, acolhendo também aqueles poemas de predileção de nossos autores românticos, além de excertos do *Don Juan* (1819-24), do *Childe Harold's Pilgrimage* (1812-18) e vários poemas extraídos das *Hebrew Melodies* (1815). A poesia de Lord Byron repercutiu com vigor no Brasil, influenciando poetas do porte de Castro Alves, Álvares de Azevedo, Bernardo Guimarães, Sousândrade, e muitos outros. A Introdução deste volume esclarece esse fenômeno e aponta os traços mais marcantes dessa influência, além de conduzir o leitor pela vida e a obra de um autor que mereceu elogios de Goethe e Shelley.

Péricles Eugênio da Silva Ramos (Lorena, 1919—São Paulo, 1992) foi poeta, tradutor, crítico literário, antologista e filólogo. Iniciou carreira como redator do *Jornal da Manhã* em 1941. Por *Lamentação floral*, seu primeiro livro de poesia, é agraciado com o Prêmio Fábio Prado em 1946. Passa a colaborar com o Suplemento Literário de *O Estado de São Paulo* a partir de 1964, firmando-se como um dos mais importantes críticos do país. Idealizou e foi um dos fundadores do Museu de Arte Sacra, do Museu da Casa Brasileira e do Museu da Imagem e do Som. Figura de proa da Geração de 45 em São Paulo, concebeu e realizou uma das mais vastas antologias de poesia brasileira, publicadas ao longo da década de 1960 pela Melhoramentos: *Poesia barroca, Poesia do ouro, Poesia romântica, Poesia parnasiana, Poesia simbolista* e *Poesia moderna*, além de ter organizado as *Poesias completas de Álvares de Azevedo* (Saraiva, 1957). Profundo conhecedor do grego clássico e do latim, além do inglês, francês e alemão, traduziu obras de Virgílio, Melville, Brecht, Whitman, afora suas clássicas traduções de Yeats, Keats, Góngora, Shakespeare, Villon e Shelley, que a Editora Hedra publicará ao longo deste ano. Sua tradução de *Hamlet* é considerada a mais fiel e bem realizada em língua portuguesa, tendo recebido menção honrosa da Royal Shakespearean Society.

SUMÁRIO

Introdução, por Péricles Eugênio da Silva Ramos ... 9

POEMAS ... 27
Ela caminha em formosura ... 29
As ilhas da Grécia, as ilhas da Grécia! ... 31
A Thomas Moore ... 41
A destruição de Senaqueribe ... 43
Assim não mais iremos vaguear ... 45
Adeus ... 47
Waterloo ... 53
A Inês ... 57
Moça de Atenas, antes da separação ... 61
Oh! na flor da beleza arrebatada ... 63
Neste dia eu completo trinta e seis anos ... 65
Sol dos insones ... 67
Escritos após nadar de sestos a abidos ... 69
Soneto sobre Chillon ... 71
E morreste tão jovem e formosa ... 73
Brilhante seja o pouso de tua alma ... 79
O oceano ... 81
Estâncias para Augusta ... 85
Estâncias ... 89
Estâncias para música ... 91
Eutanásia ... 93
Trevas ... 97
Estâncias para música ... 103
Versos inscritos numa taça feita de um crânio ... 107
A visão de Baltasar ... 109
A profecia de Dante ... 113
Mais um esforço, e livre estou depois ... 115
Os graus do azul ... 119
Soneto a George IV ... 123
Versos a Mr. Hodgson ... 125
Carta a Augusta ... 131
Soneto ao Lago Leman ... 143
Versos escritos ao ouvir que Lady Byron estava doente ... 145
Estâncias ... 149
Ode a Napoleão Bonaparte ... 151

INTRODUÇÃO

George Gordon Byron nasceu em Londres, em 22 de janeiro de 1788, filho do capitão John Byron e de Catherine Gordon de Gight. Os Byrons, afirma-se, eram uma família normanda, descendente de um certo Ralph de Burun, que obteve terras nos atuais Condados de Nottingham e de Derby. No século XVI John Byron de Clayton alcançou as terras de Newstead, com a abadia, e foi feito cavaleiro pela rainha Elizabeth em 1579. O avô de Byron, o almirante John Byron, era conhecido como Jack Mau-Tempo, pois dizia-se que no mar vivia em perpétuas tempestades. Seu irmão William, o 5º Lord Byron, que detinha a abadia de Newstead, era um homem de disposição excêntrica, que chegou a matar em duelo um vizinho, crime de que foi em parte absolvido pelos seus pares; para a outra parte invocou seus privilégios e retirou-se para as suas propriedades. Era conhecido como o "Lorde malvado".

O pai do poeta foi antes casado com Lady Camarthen, Condessa Conyers, da qual teve uma filha, Augusta. Viúvo, John Byron casou-se com Catherine Gordon, que se orgulhava de descender de Jaime I da Escócia, tinha bens e dinheiro, dissipados pelo marido, que já em 1790 estava em França, onde morreu um ano depois. Catherine Gordon era, segundo Vulliamy, um dos biógrafos de Byron, "a mais desagradável e ridícula das criaturas. Enorme e erroneamente orgulhosa de sua ascendência escocesa, de sua estirpe Stuart e posição social, era uma senhora vulgar, gorda e irritada". Byron passou a infância na Escócia, onde sofreu a influência de uma calvinista e frequentou a escola infantil de Mr. Bowers em Aberdeen (1792).

INTRODUÇÃO

PRIMÓRDIOS

Muito se tem falado do defeito de Byron, perceptível em seu andar, mas ele não tinha externamente nenhuma deformidade no pé, segundo o testemunho da Condessa Guiccioli, e sim, ao que parece, um defeito de articulação. Em 1796 Byron sentiu um amor precoce por Mary Duff, encantadora priminha dele. Viria ela a casar-se com outro uns oito anos mais tarde.

Como o neto do "Lorde malvado" tivesse sido morto, Byron passou a herdeiro de Newstead e do título, ao qual ascenderia aos 10 anos, por morte do tio-avô. Mudou-se com a mãe para Nottingham, depois de ter visitado Newstead, que estava arruinada e em desordem. Um ano depois, em 1799, Byron entrou para a escola do dr. Glennie, em Dulwich, ao passo que sua mãe se transferia para Londres. Em 1800 Byron fez sua primeira tentativa de poesia, inspirada por amor a outra prima, Margaret Parker, "uma das mais belas das criaturas evanescentes". No ano seguinte foi para Harrow, escola dirigida pelo dr. Drury, na qual se deu bem. Lá se afeiçoou extremamente a Lord Clare, e fez vários outros amigos. Em 1803 Newstead foi alugada a Lord Grey de Ruthyn, jovem de 23 anos, que convidou Byron para uma estada na Abadia. Byron aceitou o convite, e por essa ocasião conheceu a herdeira de Annesley, propriedade vizinha, Mary Ann Chaworth, por quem se apaixonou e que, a despeito dessa paixão, que ela não levou a sério, se casou em 1805 com um certo Jack Musters, com o qual veio a ser bastante infeliz.

ESTREIA

Em 1804, quando se mudou para Southwell, Byron, aos 16 anos, iniciou correspondência com sua meia-irmã Augusta, que tinha então 20 anos. Em outubro seguinte ingressou no Trinity College, em Cambridge. No outono de 1806 ausentou-se da universidade, para só voltar em 1807. Nadava, cavalgava e atirava bem.

Suas amizades de Cambridge foram duradouras, por exemplo a de John Cam Hobhouse, que bem mais tarde se tornaria Lord Broughton, e que foi uma presença constante em sua vida. Também em Cambridge Byron se apegou a um menino de coro, de nome Edleston.

Em 1807 publicou seu livro de estreia, *Hours of Idleness*, que ainda não o revelava. Dizem que foi encorajado por Elizabeth Pigot a publicar o volume, em cuja página de título aparecia "por George Gordon, Lord Byron, menor". O livro teve duas edições, mas foi violentamente atacado em 1808, na *Edinburgh Review* (por Brougham). Byron enfureceu-se com a crítica, injusta e pesada, e isso deu origem, dois anos depois, a uma sátira, *English Bards and Scotch Reviewers*, gênero no qual ele ainda viria exceler. Por causa desse poema, Southey e Byron se tornaram inimigos por toda a vida.

Em 1808 colou grau, e em 1809 sua maioridade foi celebrada em Newstead; no dia 13 de março tomou assento na Câmara dos Lordes. Data desse ano, também, o famoso encontro de Newstead (ao qual estavam presentes, entre outros, Hobhouse e Matthews), no qual se bebeu vinho numa taça feita de caveira encontrada no jardim da Abadia e que foi polida e montada: nessa reunião "as diversões da noite podem facilmente ser imaginadas", como escreveu Matthews. Houve também esportes e jogos. Obtiveram-se por aluguel roupas de monges e objetos sagrados, sendo Byron, naturalmente, o abade. O moço escreveu um poema sobre a taça, poema esse que sugestionou nossos românticos, como Castro Alves, que o traduziu.

VIAGEM AO ORIENTE

Byron resolveu fazer uma viagem ao Oriente, tendo partido da Inglaterra em junho de 1809, em companhia de Hobhouse, pelo Paquete de Lisboa. Seguiam com ele também seu criado Fletcher, seu mordomo Murray, além de Rushton,

INTRODUÇÃO

com quem boxeava em Newstead, sendo que este e Murray regressariam à Inglaterra, de Gibraltar.

Nascia, com esse Byron viajante, o Childe Burun, depois Harold, assim descrito no poema *Childe Harold's Pilgrimage*, I, II: "Outrora na ilha de Álbion vivia um jovem / que não encontrava prazer nos caminhos da virtude; / mas passava os dias nas desordens mais estranhas / e importunava com alegria o sonolento ouvido da Noite. / Ah! em verdade ele era um personagem sem pudor, / muito dado à orgia e ao júbilo profano; / poucas coisas terrenas encontravam favor a seus olhos, / exceto concubinas e companhia carnal, / e libertinos ostentosos, de alta e baixa condição". Segundo Vulliamy, a quem vimos seguindo nesta resenha (contrastada com autoridades mais recentes), "era assim que ele se fantasiava; ou melhor, era assim que ele se fantasiava quando predominavam os elementos românticos de sua natureza". De qualquer modo, o tipo estaria na raiz do byronismo que contaminou quase todo o Ocidente, em literatura. Provocaram-no não só o Childe Harold como suas repetições posteriores, com outros nomes, mas sempre figuras com a face imaginária e romântica do poeta.

Byron e Hobhouse chegaram em 2 de julho a Lisboa, onde o moço visitou a cidade e especialmente os teatros; seguiu depois para Cádis, por terra, chegando afinal a Gibraltar e daí, por mar, a Malta, onde ficou cerca de três semanas, e onde encontrou uma senhora de grande formosura, Mrs. Spencer Smith, de 24 anos (Byron tinha 21). Teve com ela um caso de amor que não terminou em adultério. O lorde e seu amigo deixaram a ilha pelo fim de setembro, dirigindo-se primeiro à Albânia, cujos montanheses lhe sugestionaram a imaginação. Encontrou-se em Tepelini com o idoso Ali Paxá, que o tratou bem, enviando-lhe amêndoas, frutas e doces muitas vezes por dia. Em 21 de novembro chegou a Missolonghi. Viu um vôo de águias perto do Parnaso e no Natal chegou a Atenas. Hospedou-se na casa da viúva de um vice-cônsul inglês, a qual tinha três filhas; sobre a mais velha das três, Teresa, escreveu seu poema "Maid of Athens".

Em março de 1810 estava com Hobhouse em Esmirna, onde continuou a composição do *Childe Harold*, que começara em Janina, na Albânia. Depois de ter visto os campos de Troia, rumo a Constantinopla, atravessou a nado os Dardanelos, feito sobre o qual compôs um poema, tomando como paralelo o lendário feito de Leandro em busca de Tisbe. Byron já havia praticado façanhas semelhantes de nado no Tâmisa e no Tejo. Em 13 de maio seu navio ancorou em Istambul. Byron e Hobhouse separam-se na ilha de Ceos, em julho de 1810; de lá Byron fez um giro pela Moreia, onde apanhou malária. Em Atenas compôs os *Hints from Horace* e desenvolveu forte estima por Nicolo Giraud, que lhe ensinou italiano. A remoção dos mármores do Pártenon e outros por Lord Elgin provocou em Byron (março de 1811) "The Curse of Minerva", poema em que o ato é condenado. Em junho estava a bordo da fragata *Volage*, acompanhado até Malta por Giraud. Em 14 de julho chegou à Inglaterra, levando, diz Vulliamy, "dois cantos do *Childe Harold*, um rico traje albanês e uma coleção de crânios, tartarugas e mármores". E além do mais a experiência e os ingredientes que lhe valeriam na composição de seus poemas dramáticos. O biógrafo chega a duvidar de que, não fosse a viagem, Byron pudesse ter escrito esses poemas, pois ele não era "um poeta imaginativo, dependia da experiência e da autêntica emoção pessoal".

ÊXITO

A mãe de Byron morreu em 1º de agosto; o poeta ficou chocado com a morte de John Edleston, o "amado menino de coro", em sua ausência. Desse desgosto resultaram, afirma-se, os poemas a Tirza.

Em 27 de fevereiro de 1812 pronunciou sua primeira fala na Câmara dos Lordes, de uma série de três. Recebeu uma

INTRODUÇÃO

série de cartas de Augusta, cujo marido, de quem teve vários filhos, apreciava corridas, bebidas e mulheres. Passou a residir em Newstead, onde manteve caso sem consequências com uma certa Susan Vaughan, de nível doméstico, e onde discutia com os hóspedes, seus amigos, poesia e religião. Nesse mesmo ano estabeleceu duradoura amizade com o poeta Thomas Moore, já popular com sua poesia lírica na sociedade britânica.

Os dois primeiros cantos do *Childe Harold* foram publicados em fevereiro de 1812, dos quais o editor distribuía provas e adiantava exemplares. O êxito do livro foi imenso. Segundo o próprio Byron — e isso aos 24 anos — "certa manhã acordei e descobri que estava famoso". O poema tocou o espírito do tempo, como assinala o biógrafo: "Em 1812 um poema narrativo romanesco era quase tão popular, senão tão popular, como um romance do mesmo caráter; e um poema por um lorde romanesco tinha, por certo, um interesse adicional". O êxito, frisa-se, foi quase sem paralelo, com sete edições impressas em quatro semanas; mais de dez mil exemplares foram pedidos num só dia. Tomava-se o poema como autobiográfico. Byron começou a frequentar a sociedade londrina dos *whigs*. Lady Caroline Lamb leu o livro e apaixonou-se pelo autor, com quem teve um romance tempestuoso, provocado por ela: embora ele já estivesse cansado, ela não queria deixá-lo, e cometeu loucuras por isso. Caroline era casada com William Lamb, mais tarde Lord Melbourne.

Em *Glenarvon*, seu primeiro romance, Caroline viria a tomar Byron como um dos personagens. Curioso é que a confidente de Byron com referência ao caso com Caroline tenha sido a sogra desta, Lady Melbourne, que dele se tornou amiga. Enquanto Caroline de todo não desistia, Byron fruiu dos encantos outonais de Lady Oxford, a qual, aos 46 anos, ainda era bela e encorajou-lhe o radicalismo político.

A perseguição de Caroline (em grande parte epistolar) continuou no inverno de 1812 e no verão de 1813, até terminar com um escândalo em baile, no qual a moça, não se sabe exatamente como, mas na presença de Byron, apareceu com o vestido cheio de sangue, por ela própria provocado. Mas Caroline só saiu da vida do poeta, definitivamente, no verão de 1814. Por esse tempo ele propôs casamento a Anna Isabella (Annabella) Milbanke, mas foi recusado.

CASAMENTO

No verão de 1813 o poeta entrou em relações íntimas com sua meia-irmã Augusta, as quais são por muitos tomadas como incestuosas — Byron dizia mesmo ser o pai de Medora e há incestos em suas obras. Os poemas que escreveu para ela parecem mesmo transcender o simples amor fraterno. Como quer que seja, Lady Melbourne encorajou seu romance com Lady Frances Webster para afastá-lo do campo perigoso que era Augusta. O caso com esta continuou no inverno e verão de 1814. Por essa ocasião, ele publicou suas sombrias narrativas orientais, como *O corsário*, que vendeu, segundo o próprio Byron, 14 mil exemplares no dia de sua publicação. *Lara* é também dessa época.

Propôs casamento, pela segunda vez, a Annabella Milbanke, moça aristocrática, intelectualizada, moralista, "a princesa dos paralelogramos" — diria Byron — e dessa vez foi aceito. Casou-se em 2 de janeiro de 1815. Supõe-se que tenha recaído nos antigos pecados com Augusta, mas teve uma filha legítima, Augusta Ada, em 10 de dezembro. Em janeiro a esposa foi visitar os pais e abandonou-o, sem nunca mais vê-lo nem querer se reconciliar. As razões da separação até hoje são algo inseguras, pois houve, segundo Macauley, dez ou doze explicações diferentes para o fato. Correram rumores de que foi por causa de Augusta. Ou porque Annabella tomava Byron por maluco.

Assinados os papéis de separação, achando-se sem ambiente na Inglaterra — a sociedade londrina, com a separação, já não o aceitava — encetou uma segunda viagem ao estrangeiro, da qual não voltaria vivo. Acompanhavam-no o dr. Polidori (médico), Fletcher, Rushton e um suíço. Visitou Waterloo, o Reno, a Suíça, onde se encontrou com Shelley e passou a residir na Villa Diodati, perto de Genebra e às margens do lago Leman. Na Villa terminou o terceiro canto do *Childe Harold,* vindo a lume em 18 de novembro de 1816 e que fez sua reputação literária aproximar-se do mais alto nível, na sua terra. Lá teve um caso — iniciado aliás nos últimos dias de sua estada em solo inglês — com Clare (ou Claire) Clairmont, que estava em companhia de Mary Godwin, companheira (e depois mulher) de Shelley — do qual Byron se fez amigo e admirador, o que era recíproco. Teve de Clare uma filha, Allegra (12 de janeiro de 1817), a qual viria a morrer menina ainda, em convento italiano.

Na Suíça, conheceu Madame de Staël, que tentou em vão reconciliar Annabella com ele; e com as impressões de uma viagem aos Alpes iniciou a fantasia dramática *Manfred,* que concluiria em Veneza (1817).

ITÁLIA

Depois da Suíça Byron foi para a Itália, primeiramente a Veneza (8 de novembro de 1816). Enquanto na Itália, vendeu Newstead Abbey por 94.500 libras, o que terminou com as agruras financeiras e a vida de débitos que até então conhecera. Pagas as dívidas, ficou com uma renda de 3.300 libras. Em Veneza teve duas amantes casadas, pessoas comuns, mas bastante formosas: primeiro Marianna Segati, de 22 anos, que cantava, depois Margarita Cogni, "la Fornarina". Entregou-se, à margem desse segundo caso, a uma vida de grande libertinagem. Por morte de sua sogra, Lady Noel de nascimento, adquiriu uma renda adicional de três mil libras, e tomou o nome de Noel Byron. Na Itália Byron se tornou — escreve Vulliamy — "uma das grandes figuras continentais, como ainda é. Uma fama mais ampla, um crescentemente cálido renome, e uma pouco merecida reputação como o profeta do liberalismo europeu deram-lhe uma importância que ele próprio nunca esperara. Seu apoio perfuntório e amadorístico aos carbonários num período subsequente, e aos gregos no último ano de sua vida, confirmaram e estabeleceram essa reputação. Por um singular processo de alargamento romântico, o 'dandy' [...] em suas viagens tornou-se um dos imperecíveis heróis da liberdade e da independência das nações"; mas isso ainda não era previsível em 1817.

Augusta continuava em seu pensamento, como demonstram seus poemas suíços, mas nunca mais a veria. De viagem a Roma, serviu de modelo a uma escultura de Thorwaldsen, a qual o poeta achava que não refletia a infelicidade de sua expressão. Em setembro de 1817 compôs o poema "Beppo", que antecipa o *Don Juan* e é hoje considerado obra de importância em sua carreira, e isso pela força, hilaridade e facilidade do poema, mesmo na oitava rima. Byron, a essa altura, vivia com ostentação. Tinha cavalos, gôndola e gondoleiro; morava em palácio, com catorze criados e, naturalmente, a Cogni. O 4º canto do *Childe* era bem recebido na Inglaterra, dizendo o próprio *Scott Magazine* que a poesia de Byron era de uma espécie nova e sem precedentes — coisa que até hoje há quem repita do *Childe Harold*. Em 1818 Byron começou, em meio às suas extravagâncias, a redação do poema hoje considerado na Inglaterra sua obra-prima, o *Don Juan*, satírico, faceto, divagador, mas sempre vário e vivo — de início não apreciado em sua terra, com poucas exceções, pois atingia fundamente aquilo contra o que Byron sempre se manifestara — o *cant*, o mascaramento, a hipocrisia; mas formalmente era condenado por sua "indecência", "perversidade", "vício". Levaria tempo para o poema vir a ser aceito, como o é hoje.

INTRODUÇÃO

TERESA

Em abril de 1819 Byron conheceu, na casa da Condessa Benzoni, Teresa Guiccioli, terceira esposa do Conde Guiccioli, com o qual se casara no ano anterior, quando ele tinha 60 anos e ela andava pelos 18. A Condessa Guiccioli era filha do Conde Ruggiero Gamba, de Ravena. Byron ligou-se a ela duravelmente, e foi-lhe fiel. Segundo Medwin, era impossível ver a moça sem admirá-la, tão encantadora se mostrava, e ouvi-la falar sem ficar fascinado; e, de acordo com Shelley, ela foi um benefício inestimável para o poeta, que se dizia mais preso a ela do que julgara possível a qualquer mulher. Quando o Conde e a Condessa foram para Ravena, Byron pouco depois os seguiu, a pedido de Teresa. Era amante dela, sem nenhum escândalo para os costumes da época — seu *cavaliere servente*, abertamente reconhecido. Acompanhou-os a seguir a Bolonha, e depois foi com ela para Veneza, sem o marido. Este foi buscá-la de volta em novembro de 1819, quando Byron estava com um acesso de malária. O poeta seguiu para Ravena, com a notícia de uma doença de Teresa e em 24 de dezembro instalou-se no Palácio Guiccioli, numa série de aposentos alugados pelo próprio Conde. A essa altura, Byron frequentava encontros secretos dos carbonários, que, todavia, não lhe tomavam muito tempo. O Conde acabou separando-se de Teresa, em julho de 1820, com autorização papal. Mas a situação de Teresa com Byron não se alterou, pois o pai e a família dela simpatizavam com ele. Visitava Teresa quando queria, mas morava no palácio do marido. Os Gambas eram também carbonários, e foram exilados em julho de 1821. Byron ficou, e recebeu Shelley, que julgava estar ele a caminho da virtude. Em outubro foi para Pisa, ao encontro de Teresa. Em dezembro publicou *Caim* (com "Sardanapalus" e "The Two Foscari"), o qual levantou um tumulto, especialmente no clero. De 21 também foi "Heaven and Earth" e, de 22, "Werner", dedicado a Goethe. Com "The

Vision of Judgement", hoje antológico, arrasou seu inimigo de toda a vida, Southey.

Com a morte, a que já nos referimos, de Lady Noel, em fevereiro de 1822, Byron passou não só a assinar-se Noel Byron, mas adotou novas armas. Outra vez exilados, os Gambas vão para perto de Livorno.

MORTE DE SHELLEY

Shelley deseja um barco e Byron um iate, que são construídos em Gênova — o *Ariel* (de início *Don Juan*, ao menos para Byron) para Shelley, o *Bolívar* para Byron. Este acolhe Leigh Hunt, para editar um jornal em inglês, *The Liberal*, cujo primeiro número saiu em outubro de 1822. O *Ariel* foi levado para Lerici no golfo de Spezia, e logo depois chegou o *Bolívar*.

Byron estava hospedado com os Gambas, quando Shelley conduziu seu barco para Livorno. De volta para Lerici, Shelley tomou o *Ariel*, em companhia de Williams e de Charles Vivian, em 8 de julho de 1822. O barco entrou num nevoeiro e desapareceu. Naufragou e só muitos dias depois o corpo de Shelley foi encontrado na praia, perto de Viareggio. Os despojos foram primeiro enterrados na areia e depois cremados em fornalha, no mesmo lugar. (Assim se deu também com os restos de Williams.) Byron estava presente e afirma-se que o coração de Shelley não se consumiu.

GRÉCIA

Os Gambas vão para Gênova e em setembro desse mesmo 22 Byron estabeleceu-se com Teresa na Villa Saluzzo, nas cercanias da cidade.

Ainda nesse ano conheceu uma visitante inglesa, a encantadora Marguerite Blessington, de 34 anos, casada em segundas núpcias com o Visconde Mountjoy, 1º Conde de Blessington, bem mais velho que ela, os quais estavam em Gênova acompanhados pelo Conde Alfred d'Orsay. A companhia desses nobres agradou-lhe e ele, depois de visitado, passou a visitá-los diariamente, falando Byron a Lady Blessington com inteira liberdade, pois podia abrir-se com ela, pessoa "bastante literária" e de quem se fez realmente amigo. O episódio tem interesse porque Lady Blessington registrou suas impressões de Byron em seu diário (que foi publicado), e essas impressões representavam um conhecimento sob muitos aspectos bastante bom de Byron. A esse tempo, ele compôs os cantos extremos, a que chegou, do *Don Juan*. Quando os Blessingtons partiram, Byron já estava resolvido a ir para a Grécia, embora tivesse o pressentimento de que de lá não voltaria. Aceitara o convite do Comitê Grego de Londres, com a perspectiva de tomar uma força militar sob o seu comando na luta pela libertação da Grécia. Embarcou no brigue *Hércules* em 13 de julho de 1823, levando em sua companhia Pietro Gamba, irmão de Teresa, Trelawny, Tita, Fletcher, o dr. Bruno, seis criados e cinco cavalos. O navio ancorou em 3 de agosto na enseada de Argostoli, na ilha de Cefalônia, então protetorado britânico. Lá Byron permaneceu até 28 de dezembro. Trelawny partiu para a Grécia continental. O poeta emprestou quatro mil libras aos gregos, o que lhes possibilitou mobilizar a frota. Byron embarcou para Missolonghi, envergando um uniforme vermelho. Recebido ao som de canhões, música e canto, o lorde hospedou-se no andar superior da casa do coronel Stanhope, perto da laguna. O chefe geral era o príncipe Mavrocordato. Em 22 de janeiro de 1824 o poeta completou trinta e seis anos, escrevendo um poema a respeito, tido como o último que redigiu. No fim do mês recebeu plenos poderes civis e militares (tinha ele uma brigada internacional, que atacaria Lepanto). Mas em Missolonghi, afora a confusão de suliotas e gregos, só havia dois canhões em bom estado. Em 15 de fevereiro teve um ataque convulsivo. Em 9 de abril foi colhido por uma tempestade e, completamente encharcado, tomou uma canoa para voltar para a cidade. Ao chegar, queixou-se de dores e febre, e dois dias depois já estava bastante mal. Teve delírios. Médicos o trataram, mas em vão: morreu em 19 de abril de 1824. Seu corpo foi transportado para a Inglaterra e sepultado em Hucknall Torkard, em 16 de julho. Seus pulmões foram depositados, em canopo, na igreja de San Spiridiano em Missolonghi. Sua morte colaborou para aumentar-lhe ainda mais o mito, dando-se, como se deu, pela libertação de uma terra oprimida. No Brasil, houve quem o chamasse "poeta-século".

BYRONISMO

Segundo a síntese de L. A. Marchand, Byron foi "uma figura colorida cuja poesia e personalidade capturaram a imaginação da Europa. Seu nome tornou-se um símbolo da mais profunda melancolia romântica, por um lado, e das aspirações ao liberalismo político, por outro. Renomado como o 'gloomy egoist' (egoísta melancólico) durante a maior parte do século XIX, ele é agora mais geralmente estimado pelo realismo satírico de seu *Don Juan* e pelo espírito faceto de suas cartas".

Já vimos que o *Childe Harold* e *O corsário* foram grandes êxitos de público na Inglaterra, mas a crítica dos jornais nem sempre foi favorável a Byron — em geral movida por princípios não literários. Houve, é claro, notáveis exceções: Shelley, por exemplo, colocava-o muito acima de todos os poetas do dia, considerando o *Don Juan* uma obra-prima e o *Caim* excelente poesia; Sir Walter Scott sempre o apreciou; Tennyson (então com 15 anos) achou que "o mundo escureceu" ao saber da morte do poeta. Byron, na Europa, foi contudo uma influência muito maior e constante do que na Inglaterra, pois nota-se sua sombra em Lamartine, Musset, Heine, Lenau, Lermontov, entre outros poetas eminentes. Goethe tinha-o em alta consideração; julgava-o "o maior engenho poético do século" e achava os alemães mais aptos a apreciar-lhe os méritos do que os próprios ingleses. Por outro lado as razões morais que muitos britânicos invocavam para condenar o poeta eram contestadas pelo mestre de Weimar: "Temos de não pensar em encontrar o educativo só no que é exclusivamente puro e moral. Tudo o que é grande educa desde que percebamos sua grandeza". E dizia isso a propósito do atrevimento e da ousadia de Byron (*Conversações com Eckermann*). foi imediato e imenso. Encarnou, para a massa dos leitores, o romantismo emotivo, sonhador, melancólico e desesperado, mas, a par, colorido, brilhante, rebelde, audaz e inclusive frenético. Em todas as partes, de 1815 a 1850, em meio à servidão e decadentismo da Santa Aliança, sob o império da burguesia conservadora e prudentemente utilitarista, a juventude foi byroniana. A influência propriamente literária de Byron se fez sentir em multidão de gêneros e em todos os países; com a de Rousseau, mais funda e duradoura, é a sua a mais vigorosa que apresenta a história literária desde o Renascimento". Essa influência, acrescenta o crítico, deu-se particularmente na França, mas também nos países eslavos e neolatinos.

Mesmo na Inglaterra, assinala John Jump que durante a era vitoriana as obras de Byron continuaram a comprazer muitos leitores comuns. Sua popularidade entre os operários ingleses mais intelectualizados foi testemunhada por Engels em 1845, e no fecho do período leitores não sofisticados de todas as classes sociais ainda recordavam trechos tais como o que descreve Waterloo em *Childe Harold*, III. "Mas por muitas décadas Byron perdeu o apreço dos críticos literários de sua terra e daqueles para os quais falava. Quando começou a recobrá-lo no último terço do século, a ênfase tendeu a cair antes em *Don Juan* e nas outras obras em oitava rima do que no *Childe Harold*, *Manfred* e histórias turcas, que lhe haviam dado fama contemporânea e continuaram a sustentar-lhe a reputação no ultramar." De qualquer modo, essa situação perdura na Inglaterra, embora Byron seja o único poeta cujo nome figura como título de capítulo na *História da filosofia ocidental*, de Bertrand Russell. E nesse capítulo diz Russell que entre aqueles homens cuja importância é maior do que parecia, Byron merece alto lugar, embora — assinala-o — essa opinião no mundo de língua inglesa possa parecer estranha. Não obsta isso a que um poeta recente como Auden deva a Byron, frisa-o Onédia Célia de Carvalho Barboza, certos característicos de sua arte.

No Brasil, Pires de Almeida contribuiu, com *A escola byroniana no Brasil*, para a lenda de um byronismo macabro na vida dos estudantes de São Paulo. A história da Coroação da Rainha dos Mortos, Vicente de Paulo Vicente de Azevedo deu-a como simples invencionice, à falta de registros contemporâneos. Mas não se pode negar que Byron influiu entre os poetas, a ponto de Álvares de Azevedo ser cognominado o "Byron brasileiro". Os poemas do lorde disseram de perto à sensibilidade do moço poeta. Além de certas afinidades de clima, estado de espírito etc., alguns heróis dos poemas alvaresianos são outros tantos Laras, *blasés*, saciados de humanidade. Em Byron, Kaled, moça disfarçada de pagem, ama o Conde Lara e morre junto à sua sepultura; em Álvares de Azevedo, há também a mulher que se veste de homem e morre junto ao poeta morto, tendo sobre o peito "letras" (cartas) "de uma língua estranha", como estranha era a língua que Lara e Kaled falavam entre si. "Um cadáver de poeta" ostenta esses ingredientes byronianos. No *Mazeppa*, o rei Carlos dorme antes de o herói terminar a sua narrativa; em "Boêmios", até o ponto dorme. Byron e Álvares de Azevedo mofam de suas próprias páginas.

Na segunda geração de nossos românticos, os byronianos de São Paulo deram a nota, com Francisco Otaviano, Cardoso de Meneses e Sousa, o já citado Álvares de Azevedo, Bernardo Guimarães, Aureliano Lessa. Em nossa edição das poesias de João Cardoso de Meneses e Sousa (1965) apontamos vários traços de Byron nas linhas do autor de *A harpa gemedora* (1849). Foram traços bastante significativos.

Na corrente que assinalamos há a dúvida, a descrença, o *humour* negro, as blasfêmias. Assim como Byron bebera em taça feita de um crânio achado na Abadia de Newstead, vestido de monge, os moços paulistas primaram em esbórnias, de que há notícia na Sociedade Epicureia, nas orgias mentais de Álvares de Azevedo, como em *A noite na taverna*; na vida de todos os dias, com a embriaguez de alguns e a excentricidade de outros. Pires de Almeida cita vários dos byronianos brasileiros, mas hoje há um estudo mais bem documentado e bastante seguro, que é *Byron no Brasil: traduções*, de Onédia Célia de Carvalho Barboza, no qual analisa o trabalho de longa lista de byronianos brasileiros, confrontando-os com o original. É possível concordar com quase todas as observações da estudiosa, mas num ponto talvez tenha querido um *tour de force*, ao pedir correspondência da métrica (ou do ritmo) da tradução com o original. Já em sua tradução dos *Sonetos* de Shakespeare, Ungaretti observara que não é possível, em tese, traduzir o pentâmetro iâmbico de Shakespeare com o correspondente decassílabo italiano, pois o verso inglês comporta bem mais palavras do que o italiano (ou o português). Essa é a razão por que também eu não sigo a métrica do original — às vezes claramente ultrapassada em nosso meio, o que seria, hoje, embolorar Byron (um exemplo seria o ritmo ternário de "Senaqueribe"), e adoto em princípio versos mais longos, para traduzir com o mesmo número de versos o máximo da mensagem do poeta. Uma experiência homeométrica seria certamente curiosa, mas creio que só vaguissimamente, em tese, lembraria o conteúdo do verso inglês. Tentei o mesmo número de sílabas, contudo, em "A Thomas Moore".

Embora Byron, como se disse, seja hoje especialmente considerado na Inglaterra com o *Don Juan* e poemas em oitava rima, um tanto ainda com o *Childe Harold*, as antologias de sua obra costumam incluir suas poesias líricas mais celebradas, aquelas das quais dizem Grierson e Smith que têm peso e ímpeto próprios. A esses poemas (traduzi quase todos os que constam das antologias de A. S. B. Glover ou Douglas Dunn, reimpressões de 1987 ou 1983), acrescentei vários outros que tiveram repercussão em nosso Romantismo, a ponto de serem traduzidos até por Castro Alves. Se as retraduzo, significa isso apenas que chamo a atenção para a importância que tiveram em nosso meio; também não ultrabyronizei Byron, como se dava em nosso Romantismo, de expressão por vezes distinta e distante do original. Do *Childe Harold* dou três excertos ("A Inês", "Waterloo" e "O oceano") e do *Don Juan* traduzo o hino que, segundo Byron, um grego deveria cantar, "As ilhas da Grécia", antes da libertação da pátria; traduzo também "As intensidades do azul", irônico e gracioso. A viagem no Paquete de Lisboa serve de amostra do realismo humorístico do autor, ângulo que também repercutiu em nosso Romantismo.

De certo modo, aqui está Byron em sua diversidade, que certamente falará ao leitor de nossos dias, nalgum de seus múltiplos ângulos.

POEMAS

SHE WALKS IN BEAUTY

I

She walks in beauty, like the night
    Of cloudless climes and starry skies;
And all that's best of dark and bright
    Meet in her aspect and her eyes:
Thus mellowed to that tender light
    Which heaven to gaudy day denies.

II

One shade the more, one ray the less,
    Had half impaired the nameless grace
Which waves in every raven tress,
    Or softly lightens o'er her face;
Where thoughts serenely sweet express,
    How pure, how dear their dwelling-place.

III

And on that cheek, and o'er that brow,
    So soft, so calm, yet eloquent,
The smiles that win, the tints that glow,
    But tell of days in goodness spent,
A mind at peace with all below,
    A heart whose love is innocent!

ELA CAMINHA EM FORMOSURA*

I

Ela caminha em formosura, noite que anda
Num céu sem nuvens e de estrelas palpitante,
E o que é melhor em treva ou resplendor
Se encontra em seu olhar e em seu semblante;
Ela amadureceu à luz tão branda
Que o Céu denega ao dia em seu fulgor.

II

Uma sombra de mais, um raio que faltasse,
Teriam diminuído a graça indefinível
Que em suas tranças cor de corvo ondeia
Ou meigamente lhe ilumina a face;
Nessas feições revela, qualquer doce ideia,
Como é puro seu lar, como é aprazível.

III

Na fronte e rosto cheio de serenidade,
Tão suave, porém tão eloquente,
O sorriso que vence e a tez que se enrubesce
Dizem apenas de um passado de bondade:
De uma alma cuja paz com todos transparece,
De um coração de amor sempre inocente.

---

*Pensa-se que este poema foi inspirado pela visão de Lady Wilmot Horton num baile, trajada de cores de luto, mas com numerosas lantejoulas no vestido (D. Dunn). É o primeiro poema de *Hebrew Melodies* (1815), que foram traduzidas em nosso Romantismo, por exemplo, por Antônio Franco da Costa Meireles, 1869 (cf. Onédia Célia, pp. 223 e ss.) ou J. A. de Oliveira Silva (1875).

THE ISLES OF GREECE, THE ISLES OF GREECE!

I

The isles of Greece, the isles of Greece!
   Where burning Sappho loved and sung,
Where grew the arts of war and peace,
   Where Delos rose, and Phœbus sprung!
Eternal summer gilds them yet,
But all, except their sun, is set.

II

The Scian and the Teian muse,
   The hero's harp, the lover's lute,
Have found the fame your shores refuse;
   Their place of birth alone is mute
To sounds which echo further west
Than your sires' 'Islands of the Blest.'

III

The mountains look on Marathon —
   And Marathon looks on the sea;
And musing there an hour alone,
   I dreamed that Greece might still be free;
For standing on the Persians' grave,
I could not deem myself a slave.

AS ILHAS DA GRÉCIA, AS ILHAS DA GRÉCIA!*

I
As ilhas da Grécia, as ilhas da Grécia!
Onde a ardente Safo amou e cantou,
Onde a arte da guerra e a da paz cresceram,
E Delos surgiu, que a Apolo abrigou!
5 Um eterno verão as doura ainda,
Mas tudo, exceto o sol, já descambou.

II
Nelas, a musa de Quios e de Teos,
A harpa do herói, o alaúde do amante,
A fama acharam que não dão agora;
10 A pátria deles muda está, perante
Sons que passam as "Ilhas dos Felizes",
Para ecoar no oeste mais distante.

III
As montanhas contemplam Maratona
E Maratona olha para o mar;
15 E sonhei, uma hora lá sozinho,
Que livre a Grécia poderia estar;
Pois de pé sobre o túmulo dos persas,
Escravo eu não podia me julgar.

---

*(*Don Juan*, canto III, LXXXVI.) Consta de *Don Juan*, III, depois de LXXXVI. Este hino, escreve Byron, devia ou podia ser cantado assim pelo grego moderno, isto é, de antes da independência, em "tolerável verso" (LXXXVII).

4 E Delos surgiu, que a Apolo abrigou!] Em Delos nasceram Apolo e Ártemis: a ilha acolhera a errante e perseguida Leto, que lá os deu à luz no monte Cinto. 7 Nelas, a musa de Quios e de Teos] Em Quios supunha-se ter nascido Homero; Teos, cidade marítima da Jônia, era a pátria de Anacreonte. 11 Sons que passam as "Ilhas dos Felizes"] Assinala Byron que as "nesoi macáron" (Ilhas dos Bem-aventurados) dos poetas gregos supõe-se que tenham sido as ilhas de Cabo Verde ou Canárias.

IV

A king sate on the rocky brow
    Which looks o'er sea-born Salamis;
And ships, by thousands, lay below,
    And men in nations; — all were his!
He counted them at break of day —
And when the sun set where were they?

V

And where are they? and where art thou,
    My country? On thy voiceless shore
The heroic lay is tuneless now —
    The heroic bosom beats no more!
And must thy lyre, so long divine,
Degenerate into hands like mine?

VI

'Tis something, in the dearth of fame,
    Though linked among a fettered race,
To feel at least a patriot's shame,
    Even as I sing, suffuse my face;
For what is left the poet here?
For Greeks a blush — for Greece a tear.

VII

Must *we* but weep o'er days more blest?
    Must *we* but blush? — Our fathers bled.
Earth! render back from out thy breast
    A remnant of our Spartan dead!
Of the three hundred grant but three,
To make a new Thermopylae!

IV

Um rei sentou-se na rochosa borda
Que encara Salamina, dom do mar;
Naus, aos milhares, viam-se lá embaixo,
E nações, que eram dele, iam lutar!
Ele contou-as ao nascer do dia,
E ao pôr-do-sol quem as iria achar?

V

E onde estão eles? Minha pátria, onde
Estás? Em tuas praias já sem voz
O canto heroico não ressoa agora
E já não bate o peito dos heróis!
Tanto tempo divina, deve a lira
Em mãos como estas decair após?

VI

Na carência da fama, é alguma coisa,
Preso embora entre raça agrilhoada,
Sentir que uma vergonha patriótica,
Mesmo se eu canto, em minha face brada;
Pois que deixou o poeta aqui? Aos gregos
Rubor, à Grécia a lágrima sagrada.

VII

Só devemos chorar os belos dias?
Chorar? — Deram seu sangue os nossos pais.
Terra! devolve de teu seio uns poucos
Dos espartanos mortos — uns, não mais!
Para novas Termópilas fazermos,
Dá-nos três dos trezentos imortais!

---

2 Que encara Salamina, dom do mar] Maratona e Salamina, locais onde os persas foram vencidos por Milcíades (490 a. C.) e em batalha naval (480 a. C.). **6** E ao pôr-do-sol quem as iria achar?] Byron cita um trecho de *Os persas*, Ésquilo, em que Xerxes, vendo a derrota, ordena a retirada. **23** Para novas Termópilas fazermos] Desfiladeiro em que Leônidas, rei de Esparta, deteve os persas, à custa de sua própria vida e da de seus soldados.

VIII

What, silent still? and silent all?
    Ah! no; — the voices of the dead
Sound like a distant torrent's fall,
    And answer, 'Let one living head,
But one arise, — we come, we come!'
'Tis but the living who are dumb.

IX

In vain — in vain: strike other chords;
    Fill high the cup with Samian wine!
Leave battles to the Turkish hordes,
    And shed the blood of Scio's vine!
Hark! rising to the ignoble call —
How answers each bold Bacchanal!

X

You have the Pyrrhic dance as yet;
    Where is the Pyrrhic phalanx gone?
Of two such lessons, why forget
    The nobler and the manlier one?
You have the letters Cadmus gave —
Think ye he meant them for a slave?

XI

Fill high the bowl with Samian wine!
    We will not think of themes like these!
It made Anacreon's song divine:
    He served — but served Polycrates
A tyrant; but our masters then
Were still, at least, our countrymen.

VIII

Que? Calados ainda? Todos, todos?
Não! As vozes dos mortos eis a soar
Como queda longínqua de torrente,
E respondem: "Estamos a chegar!
Que uma só fronte viva se subleve!"
Só os vivos não se atrevem a falar.

IX

Em vão, em vão: feri vós outras cordas;
Com vinho sâmio coroai a taça!
Deixai as pugnas para as hostes turcas,
De Quios vertei o sangue, o da vinhaça!
Ouvi! erguendo-se ao chamado ignóbil,
Como responde a bacanal que grassa!

X

A dança pírrica tendes como antes,
Por que a falange pírrica está ausente?
Por que, dos dois legados, esquecer
O que é mais nobre e másculo somente?
As letras com que Cadmo vos brindou,
Queria-as ele para escrava gente?

XI

Com vinho sâmio coroai a taça!
Não nos empolga assunto miliciano!
O vinho fez cantar Anacreonte,
Que serviu a Polícrates, tirano;
Mas então cada amo nosso ainda
Era patrício — não um otomano.

---

13 A dança pírrica tendes como antes] *Dança pírrica*, dança guerreira dos antigos gregos; *falange pírrica*, de Pirro, rei do Epiro, que combateu os romanos e sobre eles obteve vitórias desgastantes, que o levaram ao desastre posterior.   **17** As letras com que Cadmo vos brindou] Cadmo, fenício irmão de Europa, o lendário introdutor do alfabeto na Grécia.

XII

The tyrant of the Chersonese
    Was freedom's best and bravest friend;
That tyrant was Miltiades!
    Oh! that the present hour would lend
Another despot of the kind!
Such chains as his were sure to bind.

XIII

Fill high the bowl with Samian wine!
    On Suli's rock, and Parga's shore,
Exists the remnant of a line
    Such as the Doric mothers bore;
And there, perhaps, some seed is sown.
There Heracleidan blood might own.

XIV

Trust not for freedom to the Franks —
    They have a king who buys and sells:
In native swords, and native ranks,
    The only hope of courage dwells:
But Turkish force, and Latin fraud,
Would break your shield, however broad.

XV

Fill high the bowl with Samian wine!
    Our virgins dance beneath the shade —
I see their glorious black eyes shine;
    But gazing on each glowing maid,
My own the burning tear-drop laves,
To think such breasts must suckle slaves.

XII
O tirano do Quersoneso, o amigo
Mais bravo era e o melhor da liberdade;
Era Milcíades esse tirano!
Oh, que nos emprestasse, a nossa idade,
5 Um outro déspota da mesma espécie!
Os seus laços ligavam de verdade!

XIII
Com vinho sâmio coroai a taça!
Existe o resto de uma estirpe grada,
De Suli a Parga no rochedo e praia,
10 Como a que por mães dórias foi gerada;
Lá podia mandar sangue heraclida.
Lá, talvez, a semente está semeada.

XIV
Para ser livres não confieis nos francos
— Têm como rei alguém que compra e vende;
15 De nativas espadas e fileiras
A só esperança de coragem pende:
Com a força turca essa latina fraude
Romper-vos-ia o escudo que defende.

XV
Com vinho sâmio coroai a taça!
20 Virgens dançam à sombra — reluzentes
Eu vejo os seus gloriosos olhos negros;
Mas olhando essas moças resplendentes,
Se penso que hão de amamentar escravos,
Banham-me a vista lágrimas candentes.

---

1 O tirano do Quersoneso, o amigo] Milcíades, que seria o vencedor de Maratona, foi tirano do Quersoneso ao tempo da invasão persa da Trácia (512 a. C.).   **11 Lá podia mandar sangue heraclida]** *Heraclida*, descendente de Hércules; no caso, dório (do Peloponeso) ou melhor, restritamente espartano.

XVI

Place me on Sunium's marbled steep,
    Where nothing, save the waves and I,
May hear our mutual murmurs sweep;
    There, swan-like, let me sing and die:
A land of slaves shall ne'er be mine —
Dash down yon cup of Samian wine!

XVI

Ao promontório, a Súnio, conduzi-me,
Onde eu somente, mais a onda que passa,
Possamos escutar nossos murmúrios:
Lá, cisne, eu cante à morte que me abraça;
5 Terra de escravos nunca será minha:
— Do vinho sâmio jogai fora a taça!

---

4 Lá, cisne, eu cante à morte que me abraça]   Como o cisne — Byron alude a uns versos que cita, de Sófocles, *Ájax*, v, 1217.

TO THOMAS MOORE

My boat is on the shore,
    And my bark is on the sea;
But, before I go, Tom Moore,
    Here's a double health to thee!

Here's a sigh to those who love me,
    And a smile to those who hate;
And, whatever sky's above me,
    Here's a heart for every fate.

Though the ocean roar around me,
    Yet it still shall bear me on;
Though a desert should surround me,
    It hath springs that may be won.

Were't the last drop in the well,
    As I gasped upon the brink,
Ere my fainting spirit fell,
    'Tis to thee that I would drink.

With that water, as this wine,
    The libation I would pour
Should be — peace with thine and mine,
    And a health to thee, Tom Moore.

A THOMAS MOORE*

Está na praia o meu bote,
Meu navio está no mar:
Mas antes que eu vá, Tom Moore,
Quero em dobro te brindar!

5 Eis um suspiro aos que me amam,
Aos que odeiam, um sorriso;
Qualquer o céu que me cubra,
Enfrento o que for preciso.

Ruja o oceano em torno a mim,
10 Em suas águas irei;
Um deserto me rodeie,
Nele a fontes chegarei.

Só uma gota no meu poço,
E eu nas bordas a ofegar:
15 Antes de ir-se o meu espírito,
A ti é que a vou tomar.

Com esta água e com este vinho,
A libação que eu verter
Será — paz aos teus e aos meus
20 E a ti, Tom Moore, vou beber.

---

*Este poema, que traduzi em versos de sete sílabas (o original tem número de sílabas correspondente, mas é silábico-acentual), foi escrito em 1817. Thomas Moore (1779–1852), conhecido poeta, foi amigo de Byron.

THE DESTRUCTION OF SENNACHERIB

The Assyrian came down like the wolf on the fold,
And his cohorts were gleaming in purple and gold;
And the sheen of their spears was like stars on the sea,
When the blue wave rolls nightly on deep Galilee.

Like the leaves of the forest when summer is green,
That host with their banners at sunset were seen;
Like the leaves of the forest when autumn hath blown,
That host on the morrow lay withered and strown.

For the Angel of Death spread his wings on the blast,
And breathed in the face of the foe as he passed;
And the eyes of the sleepers waxed deadly and chill,
And their hearts but once heaved, and for ever grew still!

And there lay the steed with his nostril all wide,
But through it there rolled not the breath of his pride;
And the foam of his gasping lay white on the turf,
And cold as the spray of the rock-beating surf.

And there lay the rider distorted and pale,
With the dew on his brow, and the rust on his mail:
And the tents were all silent, the banners alone,
The lances unlifted, the trumpet unblown.

And the widows of Ashur are loud in their wail,
And the idols are broke in the temple of Baal;
And the might of the Gentile, unsmote by the sword,
Hath melted like snow in the glance of the Lord!

A DESTRUIÇÃO DE SENAQUERIBE[*]

Tendo ouro e tendo púrpura a brilhar em suas cortes,
Desceram os assírios — lobo em busca do redil:
Luziam suas lanças como estrelas pelo mar
Quando na Galileia, à noite, rola a onda anil.

Como as folhas no bosque quando o estio reverdeja,
Com bandeiras, ao pôr-do-sol, o exército surgia;
Como as folhas no bosque quando o outono se adianta,
Um dia após, sem viço e esparso, o exército jazia.

Pois os Anjos da morte as asas na rajada abriram;
No rosto do inimigo, perpassando, eles sopraram;
E os olhos dos dormidos se apagaram, regelados,
E, após arfar uma só vez, os corações pararam.

Lá jazia o corcel, jazia, ventas dilatadas,
Porém por elas não passava o alento de seu brio;
Branca na grama a espuma via-se de seu ofego,
Fria tal como a onda ao borrifar no penedio.

E lá jazia o cavaleiro contorcido e pálido,
Tendo orvalho na fronte, e com a armadura enferrujada;
E as tendas silenciosas, e as bandeiras já largadas,
As lanças não erguidas, a trombeta não tocada.

E os ídolos quebraram-se nos templos de Baal,
E as viúvas de Assur em prantos erguem seu clamor,
E o poder do infiel, sem que o tocasse a espada ao menos,
Qual neve derreteu-se ao pôr-lhe os olhos o Senhor!

---

[*]Originalmente de *Hebrew Melodies* (1815), o poema figura nas traduções dessas *Melodias* por Costa Meireles (1869) e Oliveira Silva (1875). O ritmo ternário do texto inglês desmereceria, por martelante demais em português, a equivalência que fosse mantida.

SO, WE'LL GO NO MORE A-ROVING

I

So, we'll go no more a-roving
  So late into the night,
Though the heart be still as loving,
  And the moon be still as bright.

II

For the sword outwears its sheath,
  And the soul wears out the breast,
And the heart must pause to breathe,
  And love itself have rest.

III

Though the night was made for loving,
  And the day returns too soon,
Yet we'll go no more a-roving
  By the light of the moon.

ASSIM NÃO MAIS IREMOS VAGUEAR*

I
Tarde assim dentro da noite
Não mais iremos vaguear,
Embora o coração inda ame tanto
E a lua continue a fulgurar.

II
Pois mais do que a bainha dura a espada
    E a alma gasta o peito
E o coração faz pausa para respirar
    E o amor para descansar.

III
Embora o dia volte muito cedo
E a noite fosse feita para amar,
    Não mais iremos vaguear
        Ao luar.

---

*Esta canção foi escrita em Veneza, 1817. Parece refletir passeios de gôndola, à noite.

FARE THEE WELL

Fare thee well! and if for ever,
    Still for ever, fare thee well:
Even though unforgiving, never
    'Gainst thee shall my heart rebel.

Would that breast were bared before thee
    Where thy head so oft hath lain,
While that placid sleep came o'er thee
    Which thou ne'er canst know again:

Would that breast, by thee glanced over,
    Every inmost thought could show!
Then thou wouldst at last discover
    'Twas not well to spurn it so.

Though the world for this commend thee —
    Though it smile upon the blow,
Even its praises must offend thee,
    Founded on another's woe:

Though my many faults defaced me,
    Could no other arm be found,
Than the one which once embraced me,
    To inflict a cureless wound?

Yet, oh yet, thyself deceive not;
    Love may sink by slow decay,
But by sudden wrench, believe not
    Hearts can thus be torn away:

ADEUS*

Adeus! e para sempre embora,
Que seja para nunca mais.
Sei teu rancor — mas contra ti
Não me rebelarei jamais.

Visses nu meu peito, onde a fronte
Tu descansavas mansamente
E te tomava um calmo sono
Que perderás completamente:

Que cada fundo pensamento
No coração pudesses ver!
Que estava mal deixá-lo assim
Por fim virias a saber.

Louve-te o mundo por teu ato,
Sorria ele ante a ação feia:
Esse louvor deve ofender-te,
Pois funda-se na dor alheia.

Desfigurassem-me defeitos:
Mão não havia menos dura
Que a de quem antes me abraçava
Que me ferisse assim sem cura?

Não te iludas contudo: o amor
Pode afundar-se devagar;
Porém não pode corações
Um golpe súbito apartar.

---

*O poema, datado de 17 de março de 1816, foi escrito quando da separação de Lady Byron, e parece querer chamar a esposa à reconciliação. O original traz uma longa epígrafe de Coleridge, "Christabel". Foi traduzido em 1857 no *Diário do Rio de Janeiro* (15 de novembro) escrevendo x. y. o seguinte: "Há uma poesia escrita a Lady Byron, da qual Mme. de Staël disse estas palavras: — Eu trocaria as minhas glórias pela glória de ter inspirado uma semelhante poesia. — Entretanto a mulher que a inspirou foi inexorável até o fim, nunca perdoou." Ver Onédia Célia, p. 56 ss.

Still thine own its life retaineth —
    Still must mine, though bleeding, beat;
And the undying thought which paineth
    Is — that we no more may meet.

These are words of deeper sorrow
    Than the wail above the dead;
Both shall live, but every morrow
    Wake us from a widowed bed.

And when thou would solace gather,
    When our child's first accents flow,
Wilt thou teach her to say 'Father!'
    Though his care she must forego?

When her little hands shall press thee,
    When her lip to thine is pressed,
Think of him whose prayer shall bless thee,
    Think of him thy love *had* blessed!

Should her lineaments resemble
    Those thou never more may'st see,
Then thy heart will softly tremble
    With a pulse yet true to me.

All my faults perchance thou knowest,
    All my madness none can know;
All my hopes, where'er thou goest,
    Wither, yet with *thee* they go.

Every feeling hath been shaken;
    Pride, which not a world could bow,
Bows to thee — by thee forsaken,
    Even my soul forsakes me now:

O teu retém a sua vida,
E o meu, também, bata sangrando;
E a eterna ideia que me aflige
É que nos vermos não tem quando.

Digo palavras de tristeza
Maior que os mortos lastimar;
Hão de as manhãs, pois viveremos,
De um leito viúvo despertar.

E ao achares consolo, quando
A nossa filha balbuciar,
Ensiná-la-ás a dizer Pai!,
Se o meu desvelo vai faltar?

Quando as mãozinhas te apertarem
E ela teu lábio houver beijado,
Pensa em mim, que te bendirei!
Teu amor ter-me-ia abençoado.

Se parecerem os seus traços
Com os de quem podes não mais ver,
Teu coração pulsará suave,
E fiel a mim há de tremer.

Talvez conheças minhas faltas,
Minha loucura ninguém sabe;
Minha esperança, aonde tu vás,
Murcha, mas vai, que ela em ti cabe.

Abalou-se o que sinto; o orgulho,
Que o mundo não pôde curvar,
Curvou-se a ti: se a abandonaste,
Minha alma vejo-a a me deixar.

But 'tis done — all words are idle —
    Words from me are vainer still;
But the thoughts we cannot bridle
    Force their way without the will.

Fare thee well! thus disunited,
    Torn from every nearer tie,
Seared in heart, and lone, and blighted,
    More than this I scarce can die.

Tudo acabou — é vão falar —,
Mais vão ainda o que eu disser;
Mas forçam rumo os pensamentos
Que não podemos empecer.

5 Adeus! assim de ti afastado,
Cada laço estreito a perder,
O coração só e murcho e seco,
Mais que isto mal posso morrer.

WATERLOO

XVII

Stop! — for thy tread is on an Empire's dust!
An Earthquake's spoil is sepulchred below!
Is the spot mark'd with no colossal bust?
Nor column trophied for triumphal show?
None; but the moral's truth tells simpler so,
As the ground was before, thus let it be; —
How that red rain hath made the harvest grow!
And is this all the world has gain'd by thee,
Thou first and last of fields! king-making Victory?

XVIII

And Harold stands upon this place of skulls,
The grave of France, the deadly Waterloo!
How in an hour the power which gave annuls
Its gifts, transferring fame as fleeting too!
In 'pride of place' here last the eagle flew,
Then tore with bloody talon the rent plain,
Pierced by the shaft of banded nations through;
Ambition's life and labours all were vain;
He wears the shatter'd links of the world's broken chain.

WATERLOO*

XVII

Detém na poeira de um Império essas passadas!
Ruínas de um terremoto aqui estão sepultadas!
Não orna este lugar um busto colossal?
Nem troféus nem colunas em visão triunfal?
5 Não, contudo moral mais simples aqui aflora:
Como o solo era antes, seja assim agora!
Como com a chuva rubra vicejou a messe!
Fizeste que contigo o mundo isto obtivesse,
Primeiro campo de batalha e terminal!

XVIII

10 Haroldo está de pé — que de ossos no local!—
No sepulcro da França, Waterloo mortal!
Como teus dons anulas, tu, poder que dás,
Como transferes uma fama tão fugaz!
Aqui a águia em seu último auge foi notada
15 E feriu, garra em sangue, a terra lacerada,
Pela flecha da união dos povos traspassada;
Todo o trabalho da ambição foi infecundo:
Leva os anéis partidos dos grilhões do mundo.

---

*(*Childe Harold*, canto III) A popularidade das obras de Byron na era vitoriana entre operários intelectualizados foi testemunhada por Friedrich Engels em 1845, e no termo do período leitores não sofisticados de todas as classes sociais ainda se lembravam de *morceaux de bravoure* tais como o que descreve Waterloo em *Childe Harold*, III (John Jump). Apesar de seus versos contra Napoleão, sabe-se que Byron o prezava, sendo essa até uma das razões que o antipatizaram nos seus círculos ingleses. O poeta era contrário ao estado de coisas que sucedeu a queda do corso, como se vê nos vv. 20 ss.

---

14 Aqui a águia em seu último auge foi notada] "Pride of place" é um termo de falcoaria e significa o mais alto alcance do voo. Ver *Macbeth*: "An eagle towering in his pride of place" etc. (Byron).

XIX

Fit retribution! Gaul may champ the bit
And foam in fetters; — but is Earth more free?
Did nations combat to make *One* submit;
Or league to teach all kings true sovereignty?
What! shall reviving Thraldom again be
The patch'd-up idol of enlighten'd days?
Shall we, who struck the Lion down, shall we
Pay the Wolf homage? proffering lowly gaze
And servile knees to thrones? No; *prove* before ye praise!

XX

If not, o'er one fallen despot boast no more!
In vain fair cheeks were furrow'd with hot tears
For Europe's flowers long rooted up before
The trampler of her vineyards; in vain years
Of death, depopulation, bondage, fears,
Have all been borne, and broken by the accord
Of roused-up millions; all that most endears
Glory, is when the myrtle wreathes a sword
Such as Harmodius drew on Athens' tyrant lord.

XIX

Pode a Gália morder — é justo — o freio a fundo
E em ferros escumar: está mais livre o mundo?
Lutaram as nações para vergar só *um*?
Ou ensinar os reis a preexceler na ação?
5 Quê! a Escravidão ressuscitada será algum
Ídolo tosco de dias de ilustração?
Devemos render preito ao Lobo, nós que o Leão
Derrubamos? Perante o trono olhos baixar,
Dobrar os joelhos? Não, *provai* para exaltar!

XX

10 Senão, que um déspota caiu não clameis tanto!
Em vão em belos rostos derramou-se pranto
Por tanta flor da Europa, que viu arrancada
O que pisava as vinhas; épocas em vão
De fim, despovoamento, servidão e horror
15 Foram sofridas, mas quebrou-as a união
De milhões que se ergueram; o que faz amada
A glória, é quando o mirto vem coroar a espada,
Como a que Harmódio opôs — de Atenas ao senhor.

---

18 Como a que Harmódio opôs — de Atenas ao senhor] Harmódio e Aristogito conspiraram contra os Pisistrátidas — Hípias e Hiparco. Só Hípias foi morto, sendo Harmódio abatido pela guarda de Hiparco e Aristogito preso e executado (514 a. C.). Foram posteriormente reverenciados em Atenas como campeões da liberdade. Byron cita o verso a que alude, "With myrth my sword will I wreathe", do canto grego traduzido por Denman.

TO INEZ

I

Nay, smile not at my sullen brow;
    Alas! I cannot smile again:
Yet Heaven avert that ever thou
    Shouldst weep, and haply weep in vain.

II

And dost thou ask what secret woe
    I bear, corroding joy and youth?
And wilt thou vainly seek to know
    A pang, ev'n thou must fail to soothe?

III

It is not love, it is not hate,
    Nor low Ambition's honours lost,
That bids me loathe my present state,
    And fly from all I prized the most:

IV

It is that weariness which springs
    From all I meet, or hear, or see:
To me no pleasure Beauty brings;
    Thine eyes have scarce a charm for me.

V

It is that settled, ceaseless gloom
    The fabled Hebrew wanderer bore;
That will not look beyond the tomb,
    But cannot hope for rest before.

A INÊS*

I
Não me sorrias à sombria fronte,
Ai! sorrir eu não posso novamente:
Que o céu afaste o que tu chorarias
E em vão talvez chorasses, tão-somente.

II
E perguntas que dor trago secreta,
A roer minha alegria e juventude?
E em vão procuras conhecer-me a angústia
Que nem tu tornarias menos rude?

III
Não é o amor, não é nem mesmo o ódio,
Nem de baixa ambição honras perdidas,
Que me fazem opor-me ao meu estado
E evadir-me das coisas mais queridas.

IV
De tudo o que eu encontro, escuto, ou vejo,
É esse tédio que deriva, e quanto!
Não, a Beleza não me dá prazer,
Teus olhos para mim mal têm encanto.

V
Esta tristeza imóvel e sem fim
É a do judeu errante e fabuloso
Que não verá além da sepultura
E em vida não terá nenhum repouso.

---

*Este poema, que consta do *Childe Harold*, I, entre LXXXIV e LXXXV, foi um dos mais cultuados em nosso Romantismo. Onédia Célia consigna as traduções de Francisco Otaviano, Francisco de Assis Vieira Bueno, João Júlio dos Santos, Sousândrade, V. S. (Luís Vieira da Silva), J. A. de Oliveira Silva, Barão de Paranapiacaba e Fagundes Varela. Onédia considera a tradução de Sousândrade não a mais fiel, nem a mais infiel, mas certamente a mais bela das versões brasileiras de "To Inez". Há de fato na tradução um "anjo eterno" que nada tem a ver com o original, mas, inesperado como é, parece-nos sugestivo.

VI

What Exile from himself can flee?
    To zones though more and more remote,
Still, still pursues, where'er I be,
    The blight of life — the demon Thought.

VII

Yet others rapt in pleasure seem,
    And taste of all that I forsake;
Oh! may they still of transport dream,
    And ne'er, at least like me, awake!

VIII

Through many a clime 'tis mine to go,
    With many a retrospection curst;
And all my solace is to know,
    Whate'er betides, I've known the worst.

IX

What is the worst? Nay, do not ask —
    In pity from the search forbear:
Smile on — nor venture to unmask
    Man's heart, and view the Hell that's there.

VI
Que exilado — de si pode fugir?
Mesmo nas zonas mais e mais distantes,
Sempre me caça a praga da existência,
O Pensamento, que é um demônio, antes.
VII
Mas os outros parecem transportar-se
De prazer e, o que eu deixo, apreciar;
Possam sempre sonhar com esses arroubos
E como acordo nunca despertar!
VIII
Por muitos climas o meu fado é ir-me,
Ir-me com um recordar amaldiçoado;
Meu consolo é saber que ocorra embora
O que ocorrer, o pior já me foi dado.
IX
Qual foi esse pior? Não me perguntes,
Não pesquises por que é que me consterno!
Sorri! não sofras risco em desvendar
O coração de um homem: dentro é o Inferno.

60 | MAID OF ATHENS, ERE WE PART
Zôê mon, sas agapô.

Maid of Athens, ere we part,
Give, oh, give back my heart!
Or, since that has left my breast,
Keep it now, and take the rest!
Hear my vow before I go,
Zôê mon, sas agapô.

By those tresses unconfined,
Wooed by each Aegean wind;
By those lids whose jetty fringe
Kiss thy soft cheeks' blooming tinge;
By those wild eyes like the roe,
Zôê mon, sas agapô.

By that lip I long to taste;
By that zone-encircled waist;
By all the token-flowers that tell
What words can never speak so well;
By love's alternate joy and woe,
Zôê mon, sas agapô.

Maid of Athens! I am gone:
Think of me, sweet! when alone.
Though I fly to Istambol,
Athens holds my heart and soul:
Can I cease to love thee? No!
Zôê mon, sas agapô.

MOÇA DE ATENAS, ANTES DA SEPARAÇÃO*

Zôê mon, sas agapô.

Moça de Atenas, antes da separação
   Dá-me de volta o coração!
   Ou, pois deixou meu peito, lesto,
   Conserva-o tu, e toma o resto!
Antes que eu parta, a minha jura escuta-a só,
Zôê mon, sas agapô.

   Por essas tranças desatadas,
   Do vento egeu tão cortejadas,
Por essas pálpebras — sua franja de negror
   Beija-te as faces cor de flor —,
Por teus olhos ariscos como a cabra só,
Zôê mon, sas agapô.

   Por esses lábios — quero-os fruir —,
Por esse peito que uma faixa está a cingir,
   Pelas flores que vêm falar
   O que a voz não pode igualar,
Pela alegria e dor que o amor alterna, e só,
Zôê mon, sas agapô.

Moça de Atenas, já parti, ó minha vida!
   Sozinha, pensa em mim, querida!
   Embora eu vá para Istambul,
   Atenas prende-me a alma ao sul.
Posso deixar de amar-te? Nem uma hora só!
Zôê mon, sas agapô.

---

* O refrão quer dizer, como o próprio Byron esclarece, "Vida minha, eu te amo!". O poema data de Atenas, 1810. Quanto à moça a quem foi endereçada, ver a Introdução.

62 | OH! SNATCHED AWAY IN BEAUTY'S BLOOM

Oh! snatched away in beauty's bloom,
On thee shall press no ponderous tomb;
   But on thy turf shall roses rear
   Their leaves, the earliest of the year;
And the wild cypress wave in tender gloom:

And oft by yon blue gushing stream
   Shall Sorrow lean her drooping head,
And feed deep thought with many a dream,
   And lingering pause and lightly tread;
   Fond wretch! as if her step disturbed the dead!

Away! we know that tears are vain,
   That death nor heeds nor hears distress:
Will this unteach us to complain?
   Or make one mourner weep the less?
And thou — who tell'st me to forget,
Thy looks are wan, thine eyes are wet.

OH! NA FLOR DA BELEZA ARREBATADA[*]

Oh! na flor da beleza arrebatada,
Não há de te oprimir tumba pesada;
Em tua relva as rosas criarão
Pétalas, as primeiras que virão,
E oscilará o cipreste em branda escuridão.

E junto da água a fluir azul da fonte
Inclinará a Tristeza a langue fronte
E as cismas nutrirá de sonho ardente;
Pausará lenta, e andará suavemente,
Como se com seus passos, pobre ente!
Os mortos perturbasse, mesmo levemente!

Basta! sabemos nós que o pranto é vão,
Que a morte, à nossa dor, não dá atenção.
Isso fará esquecer-nos de prantear?
Ou que choremos menos fará então?
E tu, que dizes para eu me olvidar,
Teu rosto acha-se pálido, úmido esse olhar.

---

[*] Faz parte das *Hebrew Melodies* (1815). Traduzido por Antônio Franco da Costa Meireles em 1869; em prosa, por Manuel dos Reis em 1872; por J. A. de Oliveira Silva em 1875, segundo o registro de Onédia Célia.

ON THIS DAY I COMPLETE MY THIRTY-SIXTH YEAR

Missolonghi, Jan. 22nd, 1824.

'Tis time this heart should be unmoved,
   Since others it hath ceased to move:
Yet, though I cannot be beloved,
      Still let me love!

My days are in the yellow leaf;
   The flowers and fruits of love are gone;
The worm, the canker, and the grief
      Are mine alone!

The fire that on my bosom preys
   Is lone as some volcanic isle;
No torch is kindled at its blaze —
      A funeral pile.

The hope, the fear, the jealous care,
   The exalted portion of the pain
And power of love, cannot share,
      But wear the chain.

But 'tis not *thus* — and 'tis not *here* —
   Such thoughts should shake my soul, nor *now*
Where glory decks the hero's bier,
      Or binds his brow.

The sword, the banner, and the field,
   Glory and Greece, around me see!
The Spartan, borne upon his shield,
      Was not more free.

NESTE DIA EU COMPLETO TRINTA E SEIS ANOS*

Missolonghi, 22 de janeiro de 1824.

Meu coração já é tempo de não comover-se,
   Pois outros já cessei de emocionar;
   Mas, embora eu não possa ser amado,
     Que possa ainda amar!

Do amor foram-se as flores, mais os frutos;
De folha amarelada os dias meus estão;
     O verme, a praga e a dor
     Meus somente é que são!

A chama que em meu peito faz despojos
Como ilha de vulcão é solitária;
Nenhuma tocha é acesa no seu fogo
    — De pira funerária!

Medo, e esperança, e inquietação do ciúme, a augusta
   Porção da mágoa e do poder do amor
   Não podem compartir, mas carregar
    Dos ferros o rigor.

Mas não é *assim* — e não é *aqui*, nem mesmo *agora*
Que essas ideias deveriam me agitar,
Quando a glória recobre o féretro do herói
    Ou vem-lhe a fronte ornar.

Bandeira, e espada, e campo de batalha,
A glória e a Grécia, vede-os em redor de mim!
   O espartano, levado sobre o escudo,
    Não era livre assim.

---

*Assinala-se que foi o último poema escrito por Byron.

Awake! (not Greece — she *is* awake!)
    Awake, my spirit! Think through *whom*
Thy life-blood tracks its parent lake,
    And then strike home!

Tread those reviving passions down,
    Unworthy manhood! — unto thee
Indifferent should the smile or frown
    Of beauty be.

If thou regret'st thy youth, *why live?*
    The land of honourable death
Is here: — up to the field, and give
    Away thy breath!

Seek out — less often sought than found —
    A soldier's grave, for thee the best;
Then look around, and choose thy ground,
    And take thy rest.

SUN OF THE SLEEPLESS!

Sun of the sleepless! melancholy star!
Whose tearful beam glows tremulously far,
That show'st the darkness thou canst not dispel,
How like art thou to joy remember'd well!

So gleams the past, the light of other days,
Which shines, but warms not with its powerless rays;
A night-beam Sorrow watcheth to behold,
Distinct, but distant — clear — but, oh how cold!

Desperta! — Não a Grécia, ei-la desperta! —
Mas meu espírito! Pensa através de *quem*
O teu sangue vital busca o paterno lago,
    E então golpeia bem!

Pisa aquelas paixões que ressuscitam,
    Indigna humanidade! — para ti
Iguais seriam o sorriso ou a carranca
    Da beleza em si.

Por que viver, se carpes tua mocidade?
    Da morte honrosa a terra aqui está
— Ergue-te para o campo de batalha,
    E esvai o alento já!

Busca — menos buscada do que achada
E para ti a melhor — a tumba do soldado;
Olha depois em torno, escolhe o solo teu,
    E dorme descansado.

SOL DOS INSONES[*]

Sol dos insones! Ó astro de melancolia!
Arde teu raio em pranto, longe a tremular,
E expões a treva que não podes dissipar:
Que semelhante és à lembrança da alegria!

Assim raia o passado, a luz de tanto dia,
Que brilha sem com raios fracos aquecer;
Noturna, uma tristeza vela para ver,
Distinta mas distante — clara — mas que fria!

---

[*] De *Hebrew Melodies* (1815). Além de figurar entre as traduções de Costa Meireles (1869) e Oliveira Silva (1875), teve uma tradução pirateada no *Diário do Rio de Janeiro*, 19/4/1855. Ver Onédia Célia, p. 54.

WRITTEN AFTER SWIMMING FROM SESTOS TO ABYDOS

If, in the month of dark December,
    Leander, who was nightly wont
(What maid will not the tale remember?)
    To cross thy stream, broad Hellespont!

If, when the wintry tempest roared,
    He sped to Hero, nothing loth,
And thus of old thy curent poured,
    Fair Venus! how I pity both!

For *me*, degenerate modern wretch,
    Though in the genial month of May,
My dripping limbs I faintly stretch,
    And think I've done a feat today.

But since he crossed the rapid tide,
    According to the doubtful story,
To woo, — and — Lord knows what beside.
    And swam for Love, as I for Glory;

'Twere hard to say who fared the best:
    Sad mortals! thus the Gods still plague you!
He lost his labour, I my jest;
    For he was drowned, and I've the ague.

ESCRITOS APÓS NADAR
DE SESTOS A ABIDOS*

Se, pelo mês sombrio de dezembro,
(Que moça não se lembrará desse reconto?)
Leandro, que toda noite desejava
Tuas águas cruzar, largo Helesponto!

5 Se ao bramir da procela em pleno inverno
Leandro buscava Hero, com contentamento,
E assim em tuas vagas se apressava,
Bela Vênus! como ambos eu lamento!

Pois eu, degênere e infeliz moderno,
10 Embora seja maio, à amenidão propenso,
Movo débil meus membros encharcados:
Hoje cumpri uma façanha, eu penso.

Já que ele atravessou a maré rápida,
Do modo como o conta a duvidosa história,
15 Para um namoro — e sabe Deus que mais,
E nadou por amor — e eu pela glória,

Duro é dizer quem se saiu melhor:
Assim os deuses, ó mortais, punindo vão!
Ele perdeu o esforço, eu a graçola:
20 Ele afogou-se, ataca-me a sezão.

---

*O poema data de 9 de maio de 1810. Byron partiu do lado europeu dos Dardanelos para a travessia. O feito permaneceu lembrado localmente, pois, segundo Vulliamy, mostraram-lhe, na estrada entre Chanak e o promontório de Nagara, "a casa na qual Lord Byron vivia ao tempo em que atravessou a nado os Dardanelos".

SONNET ON CHILLON

Eternal Spirit of the chainless Mind!
    Brightest in dungeons, Liberty! thou art;
    For there thy habitation is the heart —
The heart which love of thee alone can bind;
And when thy sons to fetters are consigned —
    To fetters, and the damp vault's dayless gloom,
    Their country conquers with their martyrdom,
And Freedom's fame finds wings on every wind.
Chillon! thy prison is a holy place,
    And thy sad floor an altar — for 'twas trod,
Until his very steps have left a trace
    Worn, as if thy cold pavement were a sod,
By Bonnivard! — May none those marks efface!
    For they appeal from tyranny to God.

SONETO SOBRE CHILLON

Eterno Espírito da insubjugável Mente!
No calabouço brilhas mais, ó Liberdade,
Pois lá no coração habitas de verdade,
No coração que prende o teu amor somente.

5 Quando teus filhos são entregues à corrente
E ao perpétuo negror de úmida cavidade,
A pátria vence com o martírio da hombridade,
E a fama de ser livre ao vento se ala, ardente!

Chillon! tua prisão é um lugar sagrado
10 E altar teu triste chão, pois ele foi pisado
— Até gastar-se com o vestígio de seu passo,

Qual se fosse de terra o piso nesse espaço —
Por Bonnivard! Ninguém apague os rastros seus,
Pois apelam da tirania para Deus!

---

13 Por Bonnivard! Ninguém apague os rastros seus] François de Bonnivard (Seyssel, 1493-Genebra, 1570), historiador e patriota genebrino, esteve encarcerado por seis anos (1530-1536) no castelo de Chillon, junto ao lago Leman, por Carlos III, duque de Saboia, sendo afinal libertado pelos bernenses. O soneto abre "The Prisoner of Chillon", que Byron escreveu em junho de 1816, na Suíça, quando não pôde, por causa do mau tempo, sair durante dois dias de um pequeno albergue na aldeia de Ouchy, perto de Lausanne.

AND THOU ART DEAD, AS YOUNG AS FAIR

Heu, quanto minus est cum reliquis
   versari quam tui meminisse!

And thou art dead, as young and fair,
   As aught of mortal birth;
And form so soft, and charms so rare,
   Too soon returned to Earth!
Though Earth received them in her bed,
And o'er the spot the crowd may tread
   In carelessness or mirth,
There is an eye which could not brook
A moment on that grave to look.

I will not ask where thou liest low,
   Nor gaze upon the spot;
There flowers or weeds at will may grow,
   So I behold them not:
It is enough for me to prove
That what I loved, and long must love,
   Like common earth can rot;
To me there needs no stone to tell,
'Tis Nothing that I loved so well.

Yet did I love thee to the last
   As fervently as thou,
Who didst not change through all the past,
   And canst not alter now.
The love where Death has set his seal,
Nor age can chill, nor rival steal,
   Nor falsehood disavow:
And, what were worse, thou canst not see
Or wrong, or change, or fault in me.

E MORRESTE TÃO JOVEM E FORMOSA*
*Heu, quanto minus est cum reliquis
versari quam tui meminisse!*

    E morreste — tão jovem e formosa —
    Tal como tudo que nasceu mortal;
    Tão suave em formas, e em primores tão preciosa
        Cedo tornaste à terra maternal!
5   Possa a terra guardar-te no seu leito
    E a multidão nele pisar, de jeito
        Descuidoso ou jovial,
      Não poderei eu suportar
    Um momento sequer o teu sepulcro olhar.

10   Onde jazes não buscarei saber,
    Nem sobre o teu jazigo a vista baixarei;
    Nele flores ou ervas poderão crescer,
        Que não as olharei;
    Bastante para mim é perceber
15   Que a amada — e longamente a devo amar —
    Como terra comum vai terminar:
    Não preciso de pedra que me persuada
    Que aquela que eu amava tanto não é nada.

    Contudo amei-te, até tudo acabado,
20   E como tu fervidamente;
    Jamais mudaste ao longo do passado
    E não podes mudar na hora presente.
    O amor no qual a morte põe seu selo
    Não pode esfriá-lo a idade, nem rival havê-lo,
25   Nem perfídia o desmente.
    E, o que seria pior, não podes ver assim
        Erro, mudança ou falta em mim.

---

*O poema é datado de fevereiro de 1812. A epígrafe significa: "Ai, quão menos é viver com os que restaram do que recordar-te!"

The better days of life were ours;
    The worst can be but mine:
The sun that cheers, the storm that lowers,
    Shall never more be thine.
The silence of that dreamless sleep
I envy now too much to weep;
    Nor need I to repine
That all those charms have passed away;
I might have watched through long decay.

The flower in ripened bloom unmatched
    Must fall the earliest prey;
Though by no hand untimely snatched,
    The leaves must drop away:
And yet it were a greater grief
To watch it withering, leaf by leaf,
    Than see it plucked today;
Since earthly eye but ill can bear
To trace the change to foul from fair.

I know not if I could have borne
    To see thy beauties fade;
The night that followed such a morn
    Had worn a deeper shade:
Thy day without a cloud hath passed,
And thou wert lovely to the last;
    Extinguished, not decayed;
As stars that shoot along the sky
Shine brightest as they fall from high.

Foram nossos os dias bons da vida;
Podem os piores ser somente meus;
O sol que alegra, a tempestade que intimida,
 Nunca mais serão teus.
O silêncio sem sonhos desse teu dormir,
 Ora o invejo demais para carpir;
Nem preciso chorar que tenham dito adeus
 Os teus encantos florescentes:
Melhor assim que vê-los sempre decadentes.

Sem par em sua plena formosura, a flor
 Deve tombar como primeira presa;
As pétalas cairão em seu primor,
Mesmo que mão nenhuma colha essa beleza,
 E embora fosse maior dor
Ver cada pétala de flor fanada
Que vê-la hoje, súbito, apanhada,
Uma vez que suporta mal, o humano olhar,
 Ver o belo no feio se mudar.

Eu não sei se teria suportado
 Ver a tua beleza se murchar:
Mostrou um tom de treva mais fechado
A noite que seguiu essa manhã sem par.
O teu dia sem nuvem se passou assim
 E foste encantadora até o fim:
Extinta, sem porém se degradar
 Como a estrela, que o céu riscando,
 Resplende mais quando tombando.

As once I wept, if I could weep,
　　My tears might well be shed,
To think I was not near to keep
　　One vigil o'er thy bed;
To gaze, how fondly! on thy face,
To fold thee in a faint embrace,
　　Uphold thy drooping head;
And show that love, however vain,
Nor thou nor I can feel again.

Yet how much less it were to gain,
　　Though thou hast left me free,
The loveliest things that still remain,
　　Than thus remember thee!
The all of thine that cannot die
Through dark and dread Eternity
　　Returns again to me,
And more thy buried love endears
Than aught, except its living years.

Pudesse ora eu chorar, como chorei outrora,
　　Bem vertido seria o pranto meu,
　　Pois não estava eu perto nessa hora
Para manter vigília sobre o leito teu;
5　　Para teu rosto ternamente olhar,
　　Para num leve abraço te estreitar;
Para a fronte inclinada te apoiar, sim, eu,
Para mostrar-te amor, embora inutilmente,
　　Pois não podemos tê-lo novamente.

10　　Embora livre me hajas tu deixado,
　　Como seria menos alcançar
Tudo o que seja encantador de ser notado,
　　Bem menos do que assim te recordar!
　　　Tudo de ti que é imperecível
15　Na Eternidade tão sombria, tão terrível,
　　　Eis para mim a retornar,
E vale mais que tudo o teu sepulto amor,
Tirando os anos que viveu em seu dulçor.

BRIGHT BE THE PLACE OF THY SOUL

Bright be the place of thy soul!
   No lovelier spirit than thine
E'er burst from its mortal control,
   In the orbs of the blessed to shine.

On earth thou wert all but divine,
   As thy soul shall immortally be;
And our sorrow may cease to repine,
   When we know that thy God is with thee.

Light be the turf of thy tomb!
   May its verdure like emeralds be:
There should not be the shadow of gloom
   In aught that reminds us of thee.

Young flowers and an evergreen tree
   May spring from the spot of thy rest:
But nor cypress nor yew let us see;
   For why should we mourn for the blest?

BRILHANTE SEJA O POUSO DE TUA ALMA[*]

Brilhante seja o pouso de tua alma!
Espírito nenhum mais atraente
Rompeu jamais o invólucro mortal
Para esplender na esfera transcendente.

5 Em vida quase que eras tu divina,
E tua alma imortalmente o deve ser;
Se, sabemos, teu Deus está contigo,
Deixe nossa tristeza de sofrer.

Leve seja o gramado em teu sepulcro!
10 Fulgure de esmeraldas a folhagem!
Não caia sombra de melancolia
Sobre o que nos evoque tua imagem.

Árvore sempre verde, mais botões,
Desse teu chão vejamo-los brotados;
15 Mas não vejamos teixo nem cipreste:
Por que chorar os bem-aventurados?

---

[*] O poema data de 1808.

THE OCEAN

CLXXIX

Roll on, thou deep and dark blue Ocean — roll!
Ten thousand fleets sweep over thee in vain;
Man marks the earth with ruin — his control
Stops with the shore; upon the watery plain
The wrecks are all thy deed, nor doth remain
A shadow of man's ravage, save his own,
When, for a moment, like a drop of rain,
He sinks into thy depths with bubbling groan,
Without a grave, unknell'd, uncoffin'd, and unknown.

CLXXX

His steps are not upon thy paths, — thy fields
Are not a spoil for him, — thou dost arise
And shake him from thee; the vile strength he wields
For earth's destruction thou dost all depise,
Spurning him from thy bosom to the skies,
And send'st him, shivering in thy playful spray
And howling, to his Gods, where haply lies
His petty hope in some near port or bay,
And dashest him again to earth: — there let him lay.

CLXXXI

The armaments which thunderstrike the walls
Of rock-built cities, bidding nations quake,
And monarchs tremble in their capitals,
The oak leviathans, whose huge ribs make
Their clay creator the vain title take
Of lord of thee, and arbiter of war —
These are thy toys, and, as the snowy flake,
They melt into thy yeast of waves, which mar
Alike the Armada's pride or spoils of Trafalgar.

O OCEANO[*]

CLXXIX

Rola, Oceano profundo e azul sombrio, rola!
Caminham dez mil frotas sobre ti, em vão;
de ruínas o homem marca a terra, mas se evola
na praia o seu domínio. Na úmida extensão
só tu causas naufrágios; não, da destruição
feita pelo homem sombra alguma se mantém,
exceto se, gota de chuva, ele também
se afunda a borbulhar com seu gemido,
sem féretro, sem túmulo, desconhecido.

CLXXX

Do passo do homem não há traço em teus caminhos,
nem são presa teus campos. Ergues-te e o sacodes
de ti; desprezas os poderes tão mesquinhos
que usa para assolar a terra, já que podes
de teu seio atirá-lo aos céus; assim o lanças
tremendo e uivando em teus borrifos escarninhos
rumo a seus deuses — nos quais firma as esperanças
de achar um porto ou angra próxima, talvez —
e o devolves à terra: — jaza aí, de vez.

CLXXXI

Os armamentos que fulminam as muralhas
das cidades de pedra — e tremem as nações
ante eles, como os reis em suas capitais —,
os leviatãs de roble, cujas proporções
levam o seu criador de barro a se apontar
como Senhor do Oceano e árbitro das batalhas,
fundem-se todos nessas ondas tão fatais
para a orgulhosa Armada ou para Trafalgar.

---

[*] (*Childe Harold's Pilgrimage*, Canto IV). Em seu "O Mar", de *Vozes d'América*, poema aliás impetuoso e vivo, Fagundes Varela demonstra, num ou noutro verso, que conhecia este trecho do *Childe Harold*. O tema do mar não era alheio ao nosso Romantismo: já Gonçalves Dias dele tratava num de seus hinos.

CLXXXII

Thy shores are empires, changed in all save thee —
Assyria, Greece, Rome, Carthage, what are they?
Thy waters wash'd them power while they were free,
And many a tyrant since; their shores obey
The stranger, slave, or savage; their decay
Has dried up realms to deserts: — not so thou;
Unchangeable, save to thy wild waves' play,
Time writes no wrinkle on thine azure brow:
Such as creation's dawn beheld, thou rollest now.

CLXXXIII

Thou glorious mirror, where the Almighty's form
Glasses itself in tempests; in all time, —
Calm or convulsed, in breeze, or gale, or storm,
Icing the pole, or in the torrid clime
Dark-heaving — boundless, endless, and sublime,
The image of eternity, the throne
Of the Invisible; even from out thy slime
The monsters of the deep are made; each zone
Obeys thee; thou goest forth, dread, fathomless, alone.

CLXXXIV

And I have loved thee, Ocean! and my joy
Of youthful sports was on thy breast to be
Borne, like thy bubbles, onward: from a boy
I wanton'd with thy breakers — they to me
Were a delight; and if the freshening sea
Made them a terror — 'twas a pleasing fear,
For I was as it were a child of thee,
And trusted to thy billows far and near,
And laid my hand upon thy mane — as I do here.

CLXXXII
Tuas bordas são reinos, mas o tempo os traga:
Grécia, Roma, Cartago, Assíria, onde é que estão?
Quando outrora eram livres tu as devastavas,
e tiranos copiaram-te, a partir de então;
manda o estrangeiro em praias rudes ou escravas;
reinos secaram-se em desertos, nesse espaço,
mas tu não mudas, salvo no florear da vaga;
em tua fronte azul o tempo não põe traço;
como és agora, viu-te a aurora da criação.

CLXXXIII
Tu, espelho glorioso, onde no temporal
reflete sua imagem Deus onipotente;
calmo ou convulso, quando há brisa ou vendaval,
quer a gelar o polo, quer em clima ardente
a ondear sombrio, — tu és sublime e sem final,
cópia da eternidade, trono do Invisível;
os monstros dos abismos nascem do teu lodo;
todas as zonas te obedecem: porque és todo
insondável, sozinho avanças, és terrível.

CLXXXIV
Amei-te, Oceano! Em meus folguedos juvenis
ir levado em teu peito, como tua espuma,
era um prazer; desde meus tempos infantis
divertir-me com as ondas dava-me alegria;
quando, porém, ao refrescar-se o mar, alguma
de tuas vagas de causar pavor se erguia,
sendo eu teu filho esse pavor me seduzia
e era agradável: nessas ondas eu confiava
e, como agora, a tua juba eu alisava.

STANZAS TO AUGUSTA

Though the day of my destiny's over,
    And the star of my fate hath declined,
Thy soft heart refused to discover
    The faults which so many could find;
Though thy soul with my grief was acquainted,
    It shrunk not to share it with me,
And the love which my spirit hath painted
    It never hath found but in *thee*.

Then when nature around me is smiling,
    The last smile which answers to mine,
I do not believe it beguiling,
    Because it reminds me of thine;
And when winds are at war with the ocean,
    As the breasts I believed in with me,
If their billows excite an emotion,
    It is that they bear me from *thee*.

Though the rock of my last hope is shivered,
    And its fragments are sunk in the wave,
Though I feel that my soul is delivered
    To pain — it shall not be its slave.
There is many a pang to pursue me:
    They may crush, but they shall not contemn;
They may torture, but shall not subdue me —
    'Tis of *thee* that I think — not of them.

Though human, thou didst not deceive me,
    Though woman, thou didst not forsake,
Though loved, thou forborest to grieve me,
    Though slandered, thou never couldst shake;
Though trusted, thou didst not disclaim me,
    Though parted, it was not to fly,
Though watchful, 'twas not to defame me,
    Nor, mute, that the world might belie.

ESTÂNCIAS PARA AUGUSTA

Embora, concluído o dia de meu fado,
A estrela desta sina tenha declinado,
Teu brando coração se recusou a achar
As faltas que puderam, tantos, encontrar;
Embora tua alma conhecesse a minha dor,
Não recusou comigo partilhá-la, e o amor
Que minha mente ideou, pintando-o para si,
Jamais ela o encontrou, nunca, a não ser em ti.

Quando sorri a natureza em torno a mim
Esse último sorrir, que ao meu responde assim,
Não acredito que ele seja enganador,
Porquanto me recorda o teu, em seu frescor;
E quando em guerra os ventos se erguem contra o mar,
Tal como os peitos, em que eu cria, a me atacar,
Se as vagas inda me despertam emoção,
É que afastando-me de ti elas estão.

Embora a rocha da esperança haja estalado
E os seus pedaços n'água tenham-se afundado,
Embora eu sinta entregue à dor meu coração,
Ele não há de dar-se a ela em servidão;
Muitas angústias há, tantas, a me acossar;
Se podem me esmagar, não podem desprezar;
Podem me torturar, não me subjugarão
— Eu penso em ti unicamente, nelas não.

Embora humana, em tempo algum tu me enganaste,
Mulher embora, tu jamais me abandonaste,
Embora amada, tu evitaste me afligir,
Embora caluniada, firme em resistir,
Embora eu cresse em ti, tu não me repudiaste;
Não foi para fugir que um dia te apartaste;
Embora atenta, não para me denegrir;
Nem silenciaste para o mundo então mentir.

Yet I blame not the world, nor despise it,
   Nor the war of the many with one;
If my soul was not fitted to prize it,
   'Twas folly not sooner to shun:
And if dearly that error hath cost me,
   And more than I once could foresee,
I have found that, whatever it lost me,
   It could not deprive me of *thee*.

From the wreck of the past, which hath perished
   Thus much I at least may recall,
It hath taught me that what I most cherished
   Deserved to be dearest of all:
In the desert a fountain is springing,
   In the wide waste there still is a tree,
And a bird in the solitude singing,
   Which speaks to my spirit of *thee*.

Contudo eu não censuro nem desprezo a terra
Nem, contra um, da multidão censuro a guerra;
Para apreciar tal coisa não fui eu formado,
Foi loucura eu não ter mais cedo me afastado;
E se caro esse erro veio a me custar,
Bem mais do que algum dia eu pude suspeitar,
Por mais que me fizesse — achava eu — perder,
De ti não poderia nunca me tolher.

Vi o passado perecer e naufragar
E dele eu posso ao menos isto recordar:
Aquilo — ensinou-me ele — que mais eu queria,
Ser o mais caro, em meio a tudo, merecia:
No deserto uma fonte — eu vejo — está brotando,
Uma árvore no ermo ainda frondejando,
E um pássaro cantando em meio à solidão
Que me fala de ti à mente e ao coração.

---

16 Que me fala de ti à mente e ao coração] Estas estâncias datam de 24 de julho de 1816; contemporâneas da "Carta", à qual sobrelevam como lirismo, são também ambíguas e autobiográficas.

STANZAS

Oh, talk not to me of a name great in story;
The days of your youth are the days of our glory;
And the myrtle and ivy of sweet two-and-twenty
Are worth all your laurels, though ever so plenty.

5 What are garlands and crowns to the brow that is wrinkled?
'Tis but as a dead-flower with May-dew besprinkled.
Then away with all such from the head that is hoary!
What care I for the wreaths that can *only* give glory?

Oh Fame! — if I e'er took delight in thy praises,
10 'Twas less for the sake of thy high-sounding phrases,
Than to see the bright eyes of the dear one discover
She thought that I was not unworthy to love her.

There chiefly I sought thee, *there* only I found thee;
Her glance was the best of the rays that surround thee;
15 When it sparkled o'er aught that was bright in my story,
I knew it was love, and I felt it was glory.

ESTÂNCIAS*

Não me faleis de grande nome ter na história;
Nossos dias de moço os dias são de nossa glória;
Hera e mirto dos vinte e dois anos viçosos
Valem todos os louros, mesmo se copiosos.

Que são guirlandas para a testa já enrugada,
Que é como extinta flor por maio rorejada?
Longe com isso, pois, da fronte encanecida!
Não me importam coroas que *só* trazem glória à vida!

Fama! Se teus louvores me agradaram antes,
Foi menos por tuas frases tão altissonantes
Que para ver a amada expor em seu olhar
Que ela não me julgava desmerecedor de a amar.

Lá mais eu te busquei; *lá* só, eu te encontrei;
O melhor raio que te cerca, em seu olhar achei;
Quando faiscava sobre um quê brilhante em minha história,
Eu bem sabia que era o amor, sentia que era a glória.

---

*Escritas na estrada entre Florença e Pisa. O poema data de novembro de 1821.

STANZAS FOR MUSIC

There be none of Beauty's daughters
　　With a magic like thee;
And like music on the waters
　　Is thy sweet voice to me:
When, as if its sound were causing
The charmed ocean's pausing,
The waves lie still and gleaming,
And the lulled winds seem dreaming:

And the midnight moon is weaving
　　Her bright chain o'er the deep;
Whose breast is gently heaving,
　　As an infant's asleep:
So the spirit bows before thee,
To listen and adore thee;
With a full but soft emotion,
Like the swell of Summer's ocean.

ESTÂNCIAS PARA MÚSICA*

Filha não há da Formosura
   Que te iguale em magia;
E como sobre as águas música macia,
A tua voz tem para mim doçura,
5   Quando, como se ao soar houvesse provocado
   O enlevo do oceano encantado,
As ondas põem-se quietas, quase sem brilhar,
E os ventos acalmados, como que a sonhar:

E à meia-noite a lua mostra-se a tecer
10 Sua corrente fulgurante sobre o mar,
Cujo peito se põe suavemente a arfar,
Como criança que se fez adormecer:
Assim o espírito se inclina à tua frente
Para te ouvir e te adorar unicamente,
15   Com plena, mas suave emoção,
Como a vaga do oceano de verão.

---

*Segundo a tradição, este poema, escrito em março de 1816, dirigia-se a Claire Clairmont, um dos casos de Byron, que com ele teve a filha Allegra.

EUTHANASIA

When Time, or soon or late, shall bring
    The dreamless sleep that lulls the dead,
Oblivion! may thy languid wing
    Wave gently o'er my dying bed!

No band of friends or heirs be there,
    To weep, or wish, the coming blow:
No maiden, with dishevelled hair,
    To feel, or feign, decorous woe.

But silent let me sink to earth,
    With no officious mourners near:
I would not mar one hour of mirth,
    Nor startle friendship with a tear.

Yet Love, if Love in such an hour
    Could nobly check its useless sighs,
Might then exert its latest power
    In her who lives, and him who dies.

'Twere sweet, my Psyche! to the last
    Thy features still serene to see:
Forgetful of its struggles past,
    E'en Pain itself should smile on thee.

But vain the wish — for Beauty still
    Will shrink, as shrinks the ebbing breath;
And women's tears, produced at will,
    Deceive in life, unman in death.

EUTANÁSIA*

Quando o Tempo trouxer, ou cedo ou tarde,
Esse sono sem sonhos para me embalar,
Sobre meu leito de agonia possa, Olvido!
Tua asa langue levemente tremular.

Nem róis de amigos nem de herdeiros lá estarão,
Para chorar, ou desejar, o que há de vir,
   Nem virgem de cabelo desgrenhado
Para sentir dor decorosa, ou bem fingir.

Sem ter por perto carpidores oficiosos,
Deixai que a terra me recubra silencioso:
   Que eu não tire à amizade uma só lágrima,
Que eu não estrague um só momento jubiloso.

   Contudo o Amor, se o Amor em tal momento
Seus inúteis soluços nobre contivesse,
Poderia mostrar a sua força última
Na que ficasse viva ou no que então morresse.

Seria doce até o fim, ó minha Psique!
Ver as tuas feições ainda serenas;
   Para ti sorriria a própria Dor,
   Esquecida de suas idas penas.

Mas é vão o desejo — dado que a Beleza
Se retrairá, ao esgotar-se o último alento;
E o pranto da mulher, que rola a bel-prazer,
Engana em vida, abate no último momento.

---

*O texto deve ser de 1811. Em nosso Romantismo o poema foi parafraseado por Francisco Otaviano, com dicção ultra-romântica, em decassílabos brancos, e traduzido por Carlos de Meneses e Sousa Júnior, em quadras alexandrinas de rimas cruzadas. Onédia Célia cuida da paráfrase de Otaviano.

Then lonely be my latest hour,
   Without regret, without a groan;
For thousands Death hath ceas'd to lower,
   And pain been transient or unknown.

'Ay, but to die, and go,' alas!
   Where all have gone, and all must go!
To be the nothing that I was
   Ere born to life and living woe!

Count o'er the joys thine hours have seen,
   Count o'er thy days from anguish free,
And know, whatever thou hast been,
   'Tis something better not to be.

Sozinho eu fique pois em minha hora final,
    Sem que mostre pesar, sem um gemido;
Para milhares já não franze o cenho a Morte,
E passageira ou ignorada a dor tem sido.

5 "Ah! morrer todavia e ir-se para sempre!"
Aonde todos foram já ou devem ir!
    Ser o nada que eu era, anteriormente
A nascer para a vida e para a dor curtir!

As alegrias conta que tuas horas viram,
10   Conta os teus dias sem nenhum sofrer:
    E sabe, não importa o que hajas sido,
        É bem melhor não ser.

DARKNESS

I had a dream, which was not all a dream.
The bright sun was extinguish'd, and the stars
Did wander darkling in the eternal space,
Rayless, and pathless, and the icy earth
Swung blind and blackening in the moonless air;
Morn came and went — and came, and brought no day,
And men forgot their passions in the dread
Of this their desolation; and all hearts
Were chill'd into a selfish prayer for light:
And they did live by watchfires — and the thrones,
The palaces of crowned kings — the huts,
The habitations of all things which dwell,
Were burnt for beacons; cities were consumed,
And men were gather'd round their blazing homes
To look once more into each other's face;
Happy were those who dwelt within the eye
Of the volcanos, and their mountain-torch:
A fearful hope was all the world contain'd;
Forests were set on fire — but hour by hour
They fell and faded — and the crackling trunks
Extinguish'd with a crash — and all was black.
The brows of men by the despairing light
Wore an unearthly aspect, as by fits
The flashes fell upon them; some lay down
And hid their eyes and wept; and some did rest
Their chins upon their clenched hands, and smiled;
And others hurried to and fro, and fed
Their funeral piles with fuel, and look'd up

TREVAS[*]

Eu tive um sonho que não era em tudo um sonho.
O sol esplêndido extinguira-se, e as estrelas
Vaguejavam escuras pelo espaço eterno,
Sem raios nem roteiro, e a enregelada terra
5 Girava cega e negrejante no ar sem lua;
Veio e foi-se a manhã — veio e não trouxe o dia;
E os homens esqueceram as paixões, no horror
Dessa desolação; e os corações esfriaram
Numa prece egoísta que implorava luz:
10 E eles viviam ao redor do fogo; e os tronos,
Os palácios dos reis coroados, as cabanas,
As moradas, enfim, do gênero que fosse,
Em chamas davam luz; cidades consumiam-se
E os homens se juntavam junto às casas ígneas
15 Para ainda uma vez olhar o rosto um do outro;
Felizes quantos residiam bem à vista
Dos vulcões e de sua tocha montanhosa;
Expectativa apavorada era a do mundo;
Queimavam-se as florestas — mas de hora em hora
20 Tombavam, desfaziam-se — e, estralando, os troncos
Findavam num estrondo — e tudo era negror.
À luz desesperante a fronte dos humanos
Tinha um aspecto não terreno, se espasmódicos
Neles batiam os clarões; alguns, por terra,
25 Escondiam chorando os olhos; apoiavam
Outros o queixo às mãos fechadas, e sorriam;
Muitos corriam para cá e para lá,
Alimentando a pira, e a vista levantavam

---

[*] O poema foi composto na Villa Diodati, em julho de 1816, e entre nós foi traduzido por Castro Alves com bastante felicidade, como opina Onédia Célia, que considera o original um belo poema, e um dos únicos de Byron que "apresenta realmente alguns elementos que o podem colocar dentro da linha desse romantismo hórrido, que acabou por se confundir no romantismo paulista com byronismo".

With mad disquietude on the dull sky,
The pall of a past world; and then again
With curses cast them down upon the dust,
And gnash'd their teeth and howl'd: the wild birds shriek'd
And, terrified, did flutter on the ground,
And flap their useless wings; the wildest brutes
Came tame and tremulous; and vipers crawl'd
And twined themselves among the multitude,
Hissing, but stingless — they were slain for food.
And War, which for a moment was no more,
Did glut himself again: — a meal was bought
With blood, and each sate sullenly apart
Gorging himself in gloom: no love was left;
All earth was but one thought — and that was death
Immediate and inglorious; and the pang
Of famine fed upon all entrails — men
Died, and their bones were tombless as their flesh;
The meagre by the meagre were devour'd,
Even dogs assail'd their masters, all save one,
And he was faithful to a corse, and kept
The birds and beasts and famish'd men at bay,
Till hunger clung them, or the dropping dead
Lured their lank jaws; himself sought out no food,
But with a piteous and perpetual mean,
And a quick desolate cry, licking the hand
Which answer'd not with a caress — he died.
The crowd was famish'd by degrees; but two
Of an enormous city did survive,
And they were enemies: they met beside
The dying embers of an altar-place
Where had been heap'd a mass of holy things

Com doida inquietação para o trevoso céu,
A mortalha de um mundo extinto; e então de novo
Com maldições olhavam para a poeira, e uivavam,
Rangendo os dentes; e aves bravas davam gritos
⁵ E cheias de terror voejavam junto ao solo,
Batendo asas inúteis; as mais rudes feras
Chegavam mansas e a tremer; rojavam víboras,
E entrelaçavam-se por entre a multidão,
Silvando, mas sem presas — e eram devoradas.
¹⁰ E fartava-se a Guerra que cessara um tempo,
E qualquer refeição comprava-se com sangue;
E cada um sentava-se isolado e torvo,
Empanturrando-se no escuro; o amor findara;
A terra era uma ideia só — e era a de morte
¹⁵ Imediata e inglória; e se cevava o mal
Da fome em todas as entranhas; e morriam
Os homens, insepultos sua carne e ossos;
Os magros pelos magros eram devorados,
Os cães salteavam os seus donos, exceto um,
²⁰ Que se mantinha fiel a um corpo, e conservava
Em guarda as bestas e aves e os famintos homens,
Até a fome os levar, ou os que caíam mortos
Atraírem seus dentes; ele não comia,
Mas com um gemido comovente e longo, e um grito
²⁵ Rápido e desolado, e relambendo a mão
Que já não o agradava em paga — ele morreu.
Finou-se a multidão de fome, aos poucos; dois,
Porém, de uma cidade enorme resistiram,
Dois inimigos, que vieram a encontrar-se
³⁰ Junto às brasas agonizantes de um altar
Onde se haviam empilhado coisas santas
Para um uso profano; eles as revolveram

For an unholy usage; they raked up,
And shivering scraped with their cold skeleton hands
The feeble ashes, and their feeble breath
Blew for a little life, and made a flame
Which was a mockery; then they lifted up
Their eyes as it grew lighter, and beheld
Each other's aspects — saw, and shriek'd, and died —
Even of their mutual hideousness they died,
Unknowing who he was upon whose brow
Famine had written Fiend. The world was void,
The populous and the powerful was a lump,
Seasonless, herbless, treeless, manless, lifeless,
A lump of death — a chaos of hard clay.
The rivers, lakes, and ocean all stood still,
And nothing stirr'd within their silent depths;
Ships sailorless lay rotting on the sea,
And their masts fell down piecemeal: as they dropp'd
They slept on the abyss without a surge —
The waves were dead; the tides were in their grave,
The moon, their mistress, had expired before;
The winds were wither'd in the stagnant air,
And the clouds perish'd; Darkness had no need
Of aid from them — She was the Universe.

E trêmulos rasparam, com as mãos esqueléticas,
As débeis cinzas, e com um débil assoprar
Para viver um nada, ergueram uma chama
Que não passava de arremedo; então alçaram
5   Os olhos quando ela se fez mais viva, e espiaram
O rosto um do outro — ao ver, gritaram e morreram
— Morreram de sua própria e mútua hediondez,
Sem um reconhecer o outro em cuja fronte
Grafara a fome Diabo. O mundo se esvaziara,
10 O populoso e forte era uma informe massa,
Sem estações nem árvore, erva, homem, vida,
Massa informe de morte — um caos de argila dura.
Pararam lagos, rios, oceanos: nada
Mexia em suas profundezas silenciosas;
15 Sem marujos, no mar as naus apodreciam,
Caindo os mastros aos pedaços; e, ao caírem,
Dormiam nos abismos sem fazer mareta,
Mortas as ondas, e as marés na sepultura,
Que já findara sua lua senhoril.
20 Os ventos feneceram no ar inerte, e as nuvens
Tiveram fim; a Escuridão não precisava
De seu auxílio — as Trevas eram o Universo.

STANZAS FOR MUSIC

There's not a joy the world can give like that it takes away,
When the glow of early
        [thought declines in feeling's dull decay;
'Tis not on youth's smooth cheek
        [the blush alone, which fades so fast,
But the tender bloom
        [of heart is gone, ere youth itself be past.

Then the few whose spirits float
5   [above the wreck of happiness
Are driven o'er the shoals of guilt or ocean of excess:
The magnet of their course is gone, or only points in vain
The shore to which their shivered
        [sail shall never stretch again.

Then the mortal coldness of the soul
        [like death itself comes down;
10 It cannot feel for others' woes, it dare not dream its own;
That heavy chill has frozen o'er the fountain of our tears,
And though the eye may sparkle still,
        ['tis where the ice appears.

Though wit may flash from fluent lips,
        [and mirth distract the breast,
Through midnight hours that yield
        [no more their former hope of rest;
15 'Tis but as ivy-leaves around the ruined turret wreath,
All green and wildly fresh without,
        [but worn and grey beneath.

ESTÂNCIAS PARA MÚSICA[*]

Alegria não há que o mundo dê, como a que tira.
Quando, do pensamento de antes, a paixão expira
   Na triste decadência do sentir;
   Não é na jovem face apenas o rubor
Que esmaia rápido, porém do pensamento a flor
Vai-se antes de que a própria juventude possa ir.

Alguns cuja alma boia no naufrágio da ventura
Aos escolhos da culpa ou mar do excesso são levados;
O ímã da rota foi-se, ou só e em vão aponta a obscura
Praia que nunca atingirão os panos lacerados.

Então, o frio mortal da alma, como a noite desce;
Não sente ela a dor de outrem, nem a sua ousa sonhar;
Toda a fonte do pranto, o frio a veio enregelar;
Brilham ainda os olhos: é o gelo que aparece.

Dos lábios flua o espírito, e a alegria o peito invada,
Na meia-noite já sem esperança de repouso:
É como a hera em torno de uma torre já arruinada,
Verde por fora, e fresca, mas por baixo cinza anoso.

---

[*]Datam de março de 1815. Trazem no original quatro versos latinos dos *Poemata*, de Gray, como epígrafe: cuidam de como é feliz quem sente jorrar no íntimo a fonte das lágrimas.

Oh, could I feel as I have felt, — or be what I have been,
Or weep as I could once have wept,
               [o'er many a vanished scene;
As springs in deserts found seem sweet,
               [all brackish though they be,
So, midst the withered waste of life,
               [those tears would flow to me.

Pudesse eu me sentir ou ser como em horas passadas,
Ou como outrora sobre cenas idas chorar tanto;
Parecem doces no deserto as fontes, se salgadas:
No ermo da vida assim seria para mim o pranto.

LINES INSCRIBED UPON A CUP FORMED FROM A SKULL

Start not — nor deem my spirit fled;
   In me behold the only skull,
From which, unlike a living head,
   Whatever flows is never dull.

I lived, I loved, I quaff'd, like thee:
   I died: let earth my bones resign;
Fill up — thou canst not injure me;
   The worm hath fouler lips than thine.

Better to hold the sparkling grape,
   Than nurse the earth-worm's slimy brood;
And circle in the goblet's shape
   The drink of gods, than reptile's food.

Where once my wit, perchance, hath shone,
   In aid of others' let me shine;
And when, alas! our brains are gone,
   What nobler substitute than wine?

Quaff while thou canst: another race,
   When thou and thine, like me, are sped,
May rescue thee from earth's embrace,
   And rhyme and revel with the dead.

Why not? since through life's little day
   Our heads such sad effects produce;
Redeem'd from worms and wasting clay,
   This chance is theirs, to be of use.

VERSOS INSCRITOS NUMA TAÇA
FEITA DE UM CRÂNIO[*]

Não, não te assustes; não fugiu o meu espírito;
    Vê em mim um crânio, o único que existe,
Do qual, muito ao contrário de uma fronte viva,
    Tudo aquilo que flui jamais é triste.

5 Vivi, amei, bebi, tal como tu; morri:
    Que renuncie a terra aos ossos meus;
Enche! Não podes injuriar-me; tem o verme
    Lábios mais repugnantes do que os teus.

Antes do que nutrir a geração dos vermes,
10   Melhor conter a uva espumejante;
Melhor é como taça distribuir o néctar
    Dos deuses, que a ração da larva rastejante.

Onde outrora brilhou, talvez, minha razão,
Para ajudar os outros brilhe agora eu;
15 Substituto haverá mais nobre do que o vinho
    Se o nosso cérebro já se perdeu?

Bebe enquanto puderes; quando tu e os teus
    Já tiverdes partido, uma outra gente
Possa te redimir da terra que abraçar-te,
20 E festeje com o morto e a própria rima tente.

E por que não? Se as frontes geram tal tristeza
    Através da existência — curto dia —,
Redimidas dos vermes e da argila
Ao menos possam ter alguma serventia.

---

[*] Este poema — escrito na Abadia de Newstead, em 1808 — pareceu muito atraente a poetas nossos como Castro Alves, que o traduziu. O mesmo fez Luís Delfino, que se valeu, segundo Onédia Célia, de interposta tradução francesa. A taça realmente existiu e foi usada por Byron e amigos em festa em Newstead.

THE VISION OF BELSHAZZAR

The King was on his throne,
  The Satraps thronged the hall:
A thousand bright lamps shone
  O'er that high festival.
A thousand cups of gold,
  In Judah deemed divine —
Jehovah's vessels hold
  The godless Heathen's wine.

In that same hour and hall,
  The fingers of a hand
Came forth against the wall,
  And wrote as if on sand:
The fingers of a man; —
  A solitary hand
Along the letters ran,
  And traced them like a wand.

The monarch saw, and shook,
  And bade no more rejoice;
All bloodless waxed his look,
  And tremulous his voice.
'Let the men of lore appear,
  The wisest of the earth,
And expound the words of fear,
  Which mar our royal mirth.'

A VISÃO DE BALTASAR*

O rei estava no trono,
Os sátrapas no salão;
Mil lâmpadas, de clarão
Enchiam o festival.
5 Por mil vasos de Jeová,
Todos santos em Judá
— Taças de ouro sem igual —
Fluía o vinho pagão.

Na mesma hora e salão
10 Os dedos de estranha mão
Na parede se moveram,
Como em areia escreveram:
Eram dedos de varão,
Mas, isolada, essa mão
15 A parede percorreu:
Letras, qual vara, escreveu.

Viu o monarca, e tremeu,
Não mais mandou que festassem;
Pôs-se exangue o rosto seu,
20 Sua voz estremeceu.
Os homens de mais saber
Que venham e expliquem logo
Essas palavras de fogo
Que estragam nosso prazer.

---

*Este poema, que faz parte das *Hebrew Melodies* (1815), foi traduzido por Costa Meireles (1869) e Oliveira Silva (1875). O tema sugestionou os nossos românticos, como demonstram "Babilônia" de Cardoso de Meneses e Sousa Júnior, e "O Festim de Baltasar", de Elzeário da Lapa Pinto.

Chaldea's seers are good,
    But here they have no skill;
And the unknown letters stood
    Untold and awful still.
And Babel's men of age
    Are wise and deep in lore;
But now they were not sage,
    They saw — but knew no more.

A captive in the land,
    A stranger and a youth,
He heard the king's command,
    He saw that writing's truth.
The lamps around were bright,
    The prophecy in view;
He read it on that night —
    The morrow proved it true.

'Belshazzar's grave is made.
    His kingdom passed away,
He, in the balance weighed,
    Is light and worthless clay;
The shroud, his robe of state,
    His canopy the stone;
The Mede is at his gate!
    The Persian on his throne!'

Os caldeus são bons videntes,
Mas nisso foram inscientes;
E as letras, não traduzidas,
Seguiram desconhecidas.
5 E os anciãos de Babel,
Que são de extremo saber,
Já não tinham conhecer,
Viam, mas sem compreender.

Um cativo dessa gente,
10 Um jovem que era estrangeiro,
O mando ouviu, real e urgente,
E o escrito achou verdadeiro.
Das lâmpadas ao clarão,
Bem se via a predição.
15 Nessa noite ele a explicou,
O outro dia a comprovou:

Já vai jazer Baltasar.
Seu reino já está passado;
Ele é, em balança pesado,
20 Leve argila desvaliosa;
Lage, é seu dossel sem par,
Mortalha, a roupa faustosa.
Está às portas a hoste adversa;
No seu trono, vejo o persa!

THE PROPHECY OF DANTE

The poet

Many are poets who have never penned
   Their inspiration, and perchance the best:
   They felt, and loved, and died, but would not lend
Their thoughts to meaner beings; they compressed
   The god within them, and rejoined the stars
   Unlaurelled upon earth, but far more blessed
Than these who are degraded by the jars
   Of passion, and their frailties linked to fame,
   Conquerors of high renown, but full of scars.
Many are poets but without the name,
   For what is poesy but to create
   From overfeeling good or ill; and aim
At an external life beyond our fate,
   And be the new Prometheus of new men,
   Bestowing fire from heaven, and, then, too late,
Finding the pleasure given repaid with pain,
   And vultures to the heart of the bestower,
   Who, having lavished his high gift in vain,
Lies chained to his lone rock by the sea-shore?

A PROFECIA DE DANTE[*] | 113

O poeta

Muitos são poetas que jamais a inspiração
Puseram por escrito — e os melhores, talvez;
Sentiram e viveram, mas sem concessão
Dos pensamentos seus a nenhum ser mais soez;
5   Comprimiram o deus em seu interior
E juntaram-se aos astros, sem lauréis na terra,
Mais felizes porém que aqueles que o estridor
Da paixão degenera, e cuja fama encerra
Suas fragilidades, os conquistadores
10 De alto renome, mas cheios de cicatrizes.
Muitos são poetas, mas do nome não senhores,
Pois que é a poesia mais do que buscar raízes
No bem ou mal ultra-emotivos e querer
Uma vida exterior além de nosso fado?
15 E novo Prometeu do novo homem ser,
Dando o fogo do céu e, tudo consumado,
Vendo o prazer da oferta pago, mas com dor,
E abutres roendo o coração do benfeitor,
Que, tendo dissipado dádiva sem par,
20 Jaz encadeado num rochedo junto ao mar?

---

[*](Canto IV, vv. 1-19.) O poema sobre Dante, em terza rima, tem quatro cantos, que Byron dava como possível prosseguir, se os versos fossem compreendidos e aprovados.

ONE STRUGGLE MORE, AND I AM FREE

One struggle more, and I am free
    From pangs that rend my heart in twain;
One last long sigh to love and thee,
    Then back to busy life again.
It suits me well to mingle now
    With things that never pleased before:
Though every joy is fled below,
    What future grief can touch me more?

Then bring me wine, the banquet bring;
    Man was not formed to live alone:
I'll be that light, unmeaning thing,
    That smiles with all, and weeps with none.
It was not thus in days more dear,
    It never would have been, but thou
Hast fled, and left me lonely here;
    Thou'rt nothing, — all are nothing now.

In vain my lyre would lightly breathe!
    The smile that sorrow fain would wear
But mocks the woe that lurks beneath,
    Like roses o'er a sepulchre.
Though gay companions o'er the bowl
    Dispel awhile the sense of ill;
Though pleasure fires the maddening soul,
    The heart — the heart is lonely still!

MAIS UM ESFORÇO, E LIVRE ESTOU DEPOIS*

Mais um esforço, e livre estou depois
Da angústia que me parte o coração em dois;
Um último suspiro a ti e ao teu amor
E à vida ativa retornar então:
5 Serve-me agora misturar-me sem calor
Com seres pelos quais jamais tive atração:
Já que toda alegria aqui eu vi fugir,
Que dor futura ainda pode me atingir?

Venha a mim o banquete pois, trazei-me vinho;
10 O homem, ninguém o fez para viver sozinho:
Serei inexpressiva e frívola criatura
Que com todos sorri, porém com ninguém chora.
Não foi assim em dias de ventura,
Nunca teria sido, mas tu agora
15 Te foste, e tão sozinho me deixaste cá;
Nada és — tudo não é nada já.

Em vão alegre a minha lira soaria!
O sorriso que dê a melancolia
Apenas escarnece a dor nele emboscada
20 — É igual a rosas sobre sepultura.
Embora companheiros, taça coroada,
Afastem por um pouco a sensação da desventura,
E o prazer incendeie a alma demente,
Sozinho ainda o coração se sente!

---

*Uma das "Occasional Pieces", parece datar de fins de 1811. É um dos poemas a Tirza (supõe-se que Edleston, então morto). Na 4ª estrofe Byron fala que viajava pelo mar Egeu pensando que Tirza estivesse viva, e esta já havia morrido sem que ele soubesse.

On many a lone and lovely night
    It soothed to gaze upon the sky;
For then I deemed the heavenly light
    Shone sweetly on thy pensive eye:
And oft I thought at Cynthia's noon,
    When sailing o'er the Aegean wave,
'Now Thyrza gazes on that moon' —
    Alas, it gleamed upon her grave!

When stretched on fever's sleepless bed,
    And sickness shrunk my throbbing veins.
"'Tis comfort still,' I faintly said,
    'That Thyrza cannot know my pains:'
Like freedom to the time-worn slave —
    A boon 'tis idle then to give —
Relenting Nature vainly gave
    My life, when Thyrza ceased to live!

My Thyrza's pledge in better days,
    When love and life alike were new!
How different now thou meet'st my gaze!
    How tinged by time with sorrow's hue!
The heart that gave itself with thee
    Is silent — ah, were mine as still!
Though cold as e'en the dead can be,
    It feels, it sickens with the chill.

Thou bitter pledge! thou mournful token!
    Though painful, welcome to my breast!
Still, still, preserve that love unbroken,
    Or break the heart to which thou'art pressed!
Time tempers love, but not removes,
    More hallowed when its hope is fled:
Oh! what are thousand living loves
    To that which cannot quit the dead?

Em muita noite solitária e fascinante
Confortava-me olhar o céu faiscante;
Achava eu que a luz celestial, então,
Brilhava doce nesse pensativo olhar
5 E acreditava — Cíntia no auge do clarão —,
Quando na onda do Egeu a velejar:
Agora Tirza olha aquela lua
— Ai, ela fulgurava sobre a tumba tua!

No leito sem dormir da febre eu me estendia
10 E as veias a pulsar a doença contraía:
Inda é um conforto — eu me dizia debilmente —
"Que não possa Tirza conhecer-me as dores."
A liberdade será dada inutilmente
Ao servo a quem cansou o tempo em seus rigores:
15 Assim a Natureza em vão deixou, condoída,
Que eu continuasse vivo — e Tirza já sem vida!

Penhor de minha Tirza em época melhor,
Quando eram jovens nossa vida e nosso amor!
Que diferente hoje te vê o meu olhar!
20 Tingiu-te o tempo com as cores da tristura!
Como te deste, o coração que vieste a dar
Está silente — ah! o meu tivesse tal quietura!
Embora frio como os mortos podem ser,
Bem que ele sente, e vem de frio a adoecer.

25 Amarga prenda, tu! lembrança dolorosa!
És bem-vinda a meu peito, embora assim penosa!
Conserva sem cessar aquele amor constante,
Oh! rompe o coração ao qual és estreitada!
O amor, modera-o o tempo, não o faz distante,
30 Mais santo é ele já a esperança terminada:
Oh! amor múltiplo às que vivem pouca importa,
Junto ao que não consegue abandonar a morta.

INTENSITIES OF BLUE

CVIII

Oh! ye, who make the fortunes of all books!
  Benigh Ceruleans of the second sex!
Who advertise new poems by your looks,
  Your 'imprimatur' will ye not annex?
What! must I go to the oblivious cooks,
  Those Cornish plunderers of Parnassian wrecks?
Ah! must I then the only minstrel be,
Proscribed from tasting your Castalian tea?

CIX

What! can I prove 'a lion' then no more?
  A ball-room bard, a foolscap, hot-press darling?
To bear the compliments of man a bore,
  And sigh, 'I can't get out,' like Yorick's starling;
Why then I'll swear, as poet Wordy swore,
  (Because the world won't read him, always snarling)
That taste is gone, that fame is but a lottery,
Drawn by the blue-coat misses of a coterie.

OS GRAUS DO AZUL*

CVIII

Vós que a sorte dos livros todos resolveis,
Vós, azuis do segundo sexo, tão cordiais!
Que anunciais os nossos poemas com o olhar,
Acrescentar vosso "imprimatur" não quereis?
5 Quê! Devo os esquecidos cucas procurar,
Os córnicos que pilham ruínas imortais?
Devo ser eu o único menestrel, que já
Proibistes de tomar vosso castálio chá?

CIX

Quê! não posso mostrar-me nunca mais um "leão"?
10 Um barrete de bobo, um bardo de salão,
Para aguentar os rapapés de algum pateta,
Gemer como a ave de Yorick, "não posso sair",
Ou então jurarei, Wordy assim fez, o poeta,
(O mundo não vai lê-lo, está sempre a rosnir),
15 Já não há gosto, e a fama é dada em loteria
Por moças de casaco azul em parceria.

Don Juan, canto IV.

2 Vós, azuis do segundo sexo, tão cordiais!] *Ceruleans*, cerúleas = azuis. *Blue*, além do significado normal de azul, tem no poema, referindo-se a mulheres, o sentido de eruditas, pedantes (*Oxford English Dictionary*). Esse dicionário remete a *blue-stocking* e explica: em reuniões mantidas em Londres, por volta de 1750, na casa de Mrs. Montague e outras, trocaram as damas o jogo de cartas por maneiras mais intelectuais de passar o tempo, inclusive conversação sobre assuntos literários, das quais muitos homens de letras às vezes tomavam parte. Muitas das participantes evitavam trajes formais: uma delas, era Mrs. Benjamin Stillingfleet, que usava habitualmente meias de lã cinza ou azul, em vez de seda preta. Daí um almirante Boscawen ter chamado a "coterie" de "the blue stocking Society". As senhoras do grupo eram chamadas Blue Stockingers, Blue Stocking Ladies, mais tarde Blue Stockings, depois abreviado para *blues*, no *slang*. A graça do excerto de Byron é a ambiguidade de *blues*, nos sentidos de mulheres de gosto literário e azul.

CX

Oh! 'darkly, deeply, beautifully blue,'
    As some one somewhere sings about the sky,
And I, ye learned ladies, say of you;
    They say your stockings are so — (Heaven knows why,
I have examined few pair of that hue);
    Blue as the garters which serenely lie
Round the Patrician left-legs, which adorn
The festal midnight, and the levée morn.

CXI

Yet some of you are most seraphic creatures —
    But times are altered since, a rhyming lover,
You read my stanzas, and I read your features:
    And — but no matter, all those things are over;
Still I have no dislike to learned natures,
    For sometimes such a world of virtues cover;
I knew one woman of that purple school,
The loveliest, chastest, best, but — quite a fool.

CXII

Humboldt, 'the first of travellers,' but not
    The last, if late accounts be accurate,
Invented, by some name I have forgot,
    As well as the sublime discovery's date,
An airy instrument, with which he sought
    To ascertain the atmospheric state,
By measuring 'the *intensity of blue:*'
Oh, Lady Daphne! let me measure you!

CX

Oh! "Escura, forte, belamente azul" — é o que
Nalgum lugar alguém cantou do firmamento,
E de vós, doutas damas, coisa igual sustento;
Dizem que vossas meias são azuis (por quê,
5 Sabe o céu, poucos pares vi eu dessa cor);
Azuis tais como as jarreteiras, que ao dispor
Da perna esquerda dos senhores, ornarão
A festa à noite ou a manhã de recepção.

CXI

Muitas de vós, como criatura, é um serafim,
10 Mas foi-se o tempo em que, de rimas amador,
Líeis minhas estâncias, e eu o vosso rosto:
Mas não importa, que isso tudo teve fim;
Porém de sábias naturezas não desgosto,
Que às vezes cobrem virtuosíssimo primor;
15 Conheci uma mulher da escola rebuscada,
Linda, casta, a melhor — mas tola rematada.

CXII

Humboldt, esse "primeiro dos viajantes", não
O último, se recente informe é sem senão,
Inventou, e lhe deu um nome que olvidei
20 Com a data dessa descoberta assim de lei,
Um aéreo instrumento, para procurar
Do estado da atmosfera se certificar,
Medindo os graus do azul, tal como ele apareça.
Deixai portanto, ó Lady Daphne, que eu vos meça!

---

24 Deixai portanto, ó Lady Daphne, que eu vos meça!] Este verso e o anterior deixam patentes os dois tipos de azul: o literário e a cor.

SONNET TO GEORGE THE FOURTH

To be the father of the fatherless,
    To stretch the hand from the throne's height, and raise
    His offspring, who expired in other days
To make thy sire's sway by a kingdom less, —
This is to be a monarch, and repress
    Envy into unutterable praise.
    Dismiss thy guard, and trust thee to such traits,
For who would lift a hand, except to bless?
    Were it not easy, sir, and is't not sweet
    To make thyself beloved? and to be
Omnipotent by mercy's means? for thus
    Thy sovereignty would grow but more complete:
A despot thou, and yet thy people free,
    And by the heart, not hand, enslaving us.

SONETO A GEORGE IV[*]

Fazer-se o pai dos órfãos, estender a mão
Do alto do trono e erguer a prole do que um dia
Morreu para privar teu pai da monarquia
— *Isto* é ser rei deveras, pôr em defecção

5 A inveja e substituí-la pela admiração.
Despede a tua guarda, e em tais ações confia,
Pois só para abençoar qualquer mão se ergueria.
Senhor, seria fácil, não é doce então

Fazer-se amado pelos súditos? e ser
10 Onipotente pela força da indulgência,
Ser todo-poderoso, mas pela clemência?

E mais completo se faria o teu poder:
Teria o povo um déspota, mas sem corrente,
Escravizado pelo coração somente.

---

[*] Ao Anular a Condenação de Lord Edward Fitzgerald. Escrito em Bolonha, em 12 de agosto de 1819.

LINES TO MR. HODGSON

Huzza! Hodgson, we are going,
    Our embargo's off at last;
Favourable breezes blowing
    Bend the canvas o'er the mast.
From aloft the signal's streaming,
    Hark! the farewell gun is fired;
Women screeching, tars blaspheming,
    Tell us that our time's expired.
        Here's a rascal
        Come to task all,
    Prying from the Custom-house;
        Trunks unpacking
        Cases cracking,
    Not a corner for a mouse
'Scapes unsearched amid the racket,
Ere we sail on board the Packet.

VERSOS A MR. HODGSON*

Viva! Hodgson, estamos indo,
Nosso embargo afinal foi levantado;
Um vento afla bem-vindo,
No mastro o pano já está enfunado.
5 Lá em cima o sinal vêmo-lo dado,
Ouve! o canhão do adeus foi disparado.
Mulheres a gritar, marujos blasfemando,
Mostram que nosso tempo está esgotado.
Eis senão quando
10 Um maroto pela aduana enviado
Vem para, inspecionando,
Chamar todos à fala:
Desfaz-se, é aberta muita mala;
Nem mesmo o esconderijo de algum rato
15 Escapa da revista a fio,
Em meio a tal espalhafato,
Antes que velejemos no navio.

---

*Escritos a bordo do Paquete de Lisboa, em 30 de junho de 1809. Era o início da primeira viagem de Byron e têm um tom de realismo humorístico que é também uma das vertentes de nosso Romantismo. *Rainha Mab*, na terceira estrofe: segundo Catherine Briggs, nos séculos XVI e XVII a maior parte dos poetas fez a Rainha Mab a rainha das Fadas e particularmente das *fadas diminutas* da *Nymphidia* de Drayton. Também diminuta é a de Shakespeare, *Romeu e Julieta*.

Now our boatmen quit their mooring,
    And all hands must ply the oar;
Baggage from the quay is lowering,
    We're impatient, push from shore.
'Have a care! that case holds liquor —
    Stop the boat — I'm sick — oh Lord!'
'Sick, ma'am, damme, you'll be sicker,
    Ere you've been an hour on board.'
        Thus are screaming
        Men and women,
    Gemmen, ladies, servants, Jacks;
        Here entangling,
        All are wrangling,
    Stuck together close as wax. —
Such the general noise and racket,
Ere we reach the Lisbon Packet.

Now we've reached her, lo! the Captain,
    Gallant Kidd, commands the crew;
Passengers their berths are clapt in,
    Some to grumble, some to spew.
'Hey day! call you that a cabin?
    Why 'tis hardly three feet square;
Not enough to stow Queen Mab in —
    Who the deuce can harbour there?'
        'Who, sir? plenty —
        Nobles twenty
    Did at once my vessel fill.' —
        'Did they? Jesus,
        How you squeeze us!
    Would to God they did so still:
Then I'd scape the heat and racket
Of the good ship, Lisbon Packet.'

Nossos barqueiros saem da amarração,
    Todos a manejar o remo:
As malas já do cais descendo estão;
Partimos, impacientes ao extremo.
Cuidado! que essa caixa tem bebida.
— Parem o bote! — Oh Deus! — Estou enjoada!
Madame, enjoada? Estará mais nauseada
Depois de uma hora a bordo decorrida!
    Assim estão fazendo assuada
    Mulheres e homens, cavalheiros,
    Senhoras, criados, marinheiros;
        Ali se confundindo,
        Todos vão discutindo,
Grudados entre si, toda e qualquer pessoa.
Rumor geral, esta é a algazarra que ressoa
Até chegarmos ao Paquete de Lisboa.

Agora que chegamos, vede, o capitão:
Comanda o bravo Kidd nossa tripulação.
    Os passageiros põem-se nos seus leitos,
Ou para resmungar ou para vomitar.
    "Caramba! De cabine isto chamar?
        Mal tem três pés quadrados,
    Para a Rainha Mab já bem estreitos,
Quem diabo pode ali dar com os costados?"
    "Ora, senhor! Pois muita gente!
        Vinte nobres, certamente,
Encheram o navio alguma vez."
"Encheram? Por Jesus, que coisa linda!
Só para nós o aperto é que se fez!
Quisera Deus eles o enchessem inda!
Nem o calor nem a algazarra que ressoa
Me veriam do bom Paquete de Lisboa.

Fletcher! Murray! Bob! where are you?
    Stretched along the deck like logs —
Bear a hand, you jolly tar, you!
    Here's a rope's end for the dogs.
Hobhouse muttering fearful curses,
    As the hatchway down he rolls,
Now his breakfast, now his verses,
    Vomits forth — and damns our souls.
      'Here's a stanza
      On Braganza —
    Help!' — A couplet?' — 'No, a cup
      Of warm water — '
      'What's the matter?'
'Zounds! my liver's coming up;
I shall not survive the racket
Of this brutal Lisbon Packet.'

Now at length we're off for Turkey,
    Lord knows when we shall come back!
Breezes foul and tempests murky
    May unship us in a crack,
But, since life at most a jest is,
    As philosophers allow,
Still to laugh by far the best is,
    Then laugh on — as I do now.
    Laugh at all things,
    Great and small things,
Sick or well, at sea or shore;
    While we're quaffing,
    Let's have laughing —
Who the devil cares for more?
Some good wine! and who would lack it,
Ev'n on board the Lisbon Packet?

Ó Fletcher! Murray! Bob! onde é que estais?
Deitados como toras no convés!
Ajuda aqui, marujo, dos joviais!
   Uma ponta de cabo para os lorpas vês.
Hobhouse terríveis pragas vai rogando
   Ao rolar escotilha abaixo:
Ou desjejum ou versos vomitando,
Condena as nossas almas a demônio e tacho.
     Eis uma estança
     Sobre Bragança.
Dai-me! Um dístico? Não, quero uma taça
     De água quente.
    "Que é que se passa?"
   Meu fígado está subindo, gente!
Morro antes da algazarra que ressoa
Neste brutal Paquete de Lisboa.

Enfim vamos no mar rumo à Turquia,
Sabe Deus quando iremos regressar!
Ventos maus e procela a mais sombria
Podem fazer-nos num instante soçobrar.
Mas a vida é no máximo um gracejo
— Entre os filósofos não há discordes —
   Rir é o melhor, havendo o ensejo:
Ride então qual eu rio, estai concordes.
     Ride de todas as coisas,
    Das grandes e pequenas coisas,
Ou bons ou doentes, quer em terra, quer no mar;
    Enquanto estamos a entornar,
     Ponhamo-nos a rir.
Quem diabo vai com mais se preocupar?
— Um vinho bom! Quem não o iria consumir,
Mesmo se a bordo do Paquete de Lisboa?

EPISTLE TO AUGUSTA

I

My sister! my sweet sister! if a name
Dearer and purer were, it should be thine.
Mountains and seas divide us, but I claim
No tears, but tenderness to answer mine:
Go where I will, to me thou art the same —
A loved regret which I would not resign.
There yet are two things in my destiny, —
A world to roam through, and a home with thee.

II

The first were nothing — had I still the last,
It were the haven of my happiness;
But other claims and other ties thou hast,
And mine is not the wish to make them less.
A strange doom is thy father's son's, and past
Recalling, as it lies beyond redress;
Reversed for him our grandsire's fate of yore, —
He had no rest at sea, nor I on shore.

III

If my inheritance of storms hath been
In other elements, and on the rocks
Of perils, overlooked or unforeseen,
I have sustained my share of worldly shocks,
The fault was mine; nor do I seek to screen
My errors with defensive paradox;
I have been cunning in mine overthrow,
The careful pilot of my proper woe.

CARTA A AUGUSTA[*]

I

Minha irmã! Minha amada irmã! Se um nome tanto
Mais caro e puro houvesse, ele seria o teu.
Serras e mares nos separam, porém pranto
Não quero, e sim afeto que responda ao meu:
5 Aonde eu vá, és a mesma para mim, portanto
Uma saudade amada, a qual não deixo eu.
Em meu destino, há duas coisas que realçar:
— Um mundo para percorrer, contigo um lar.

II

Nada seria o mundo, se eu tivesse o lar,
10 Se ele me fosse o porto da felicidade;
Mas outros laços tens, e o que reivindicar,
E para mudar isso falha-me a vontade.
Do filho de teu pai a sina é singular,
E irrevocável, porque sem tranquilidade.
15 Oposto é ao do avô o que meu fado encerra:
No mar sossego o avô não teve, e eu peno em terra.

III

Minha herança de tempestades, se é enfrentada
Em outros elementos; se nos penhascais
Cheios de ameaça repentina ou desprezada
20 Minha parte aguentei de choques terrenais,
Foi minha a falta; nem tento esconder em nada
Os erros meus com os paradoxos mais parciais;
Eu tenho sido esperto em minha destruição,
Piloto cuidadoso de última aflição.

---

[*]Escrita na Villa Diodati em 1816. Augusta Leigh permitiu — informa Douglas Dunn — que fosse publicada em 1830. O poema é autobiográfico, e Augusta, ambiguamente, parece ser encarada mais do que como irmã.

16 No mar sossego o avô não teve, e eu peno em terra] Alusão a Jack "Mau-tempo", o avô almirante do poeta.

IV

    Mine were my faults, and mine be their reward.
    My whole life was a contest, since the day
    That gave me being, gave me that which marred
    The gift, — a fate, or will, that walked astray;
    And I at times have found the struggle hard,
    And thought of shaking off my bonds of clay:
    But now I fain would for a time survive,
If but to see what next can well arrive.

V

    Kingdoms and empires in my little day
    I have outlived, and yet I am not old;
    And when I look on this, the petty spray
    Of my own years of trouble, which have rolled
    Like a wild bay of breakers, melts away:
    Something — I know not what — does still uphold
    A spirit of slight patience; — not in vain,
Even for its own sake, do we purchase pain.

VI

    Perhaps the workings of defiance stir
    Within me — or perhaps a cold despair,
    Brought on when ills habitually recur, —
    Perhaps a kinder clime, or purer air,
    (For even to this may change of soul refer,
    And with light armour we may learn to bear,)
    Have taught me a strange quiet, which was not
The chief companion of a calmer lot.

IV
Minhas as faltas, seja minha a punição.
A vida para mim foi uma luta, desde o dia
Que me deu ser, e trouxe junto a frustração
Do dom — a sina ou o querer de errada via;
5 Às vezes achei árdua a luta, e sem perdão,
E meus laços de argila, eu quase que os rompia;
Difícil me seria agora inda viver,
Não fosse ter em vista o que pode ocorrer.

V
A reinos como a impérios, em meu dia breve
10 Sobrevivi, e não sou velho no entretanto;
Se penso nisso, funde-se o borrifo leve
De meus anos difíceis, a rolarem tanto
Como ondas bravas, que a enseada às pedras leve;
Algo — não sei o que — sustém-me ainda, entanto,
15 Uma ligeira paciência; — a aquisição
Da dor, mesmo que só por ela, nunca é em vão.

VI
Talvez dentro de mim se mova o desafio,
Ou, vindo quando os males vivem a voltar,
Esteja a se agitar um desespero frio
20 — Talvez mais doce clima, ou mais límpido ar
(Das voltas da alma pode aí estar o fio,
Com leve arnês é de aprendê-lo a suportar),
Me ensinaram quietude estranha, que não era
De um fado mais tranquilo a companheira vera.

VII

I feel almost at times as I have felt
In happy childhood; trees, and flowers, and brooks,
Which do remember me of where I dwelt
Ere my young mind was sacrificed to books,
Come as of yore upon me, and can melt
My heart with recognition of their looks;
And even at moments I could think I see
Some living things to love — but none like thee.

VIII

Here are the Alpine landscapes which create
A fund for contemplation; — to admire
Is a brief feeling of a trivial date;
But something worthier do such scenes inspire:
Here to be lonely is not desolate,
For much I view which I could most desire,
And, above all, a lake I can behold
Lovelier, not dearer, than our own of old.

IX

Oh that thou wert but with me! — but I grow
The fool of my own wishes, and forget
The solitude which I have vaunted so
Has lost its praise in this but one regret;
There may be others which I less may show; —
I am not of the plaintive mood, and yet
I feel an ebb in my philosophy,
And the tide rising in my altered eye.

VII

Às vezes quase sinto como eu me sentia
Na infância; árvores, flores, riachos a correr,
Que me relembram do lugar onde eu vivia
Antes de em livros minha mente se perder,
5 Afluem sobre mim: recordo tal magia,
A qual meu coração bem pode comover;
Pus-me a pensar às vezes que diviso aqui
Criaturas para amar — nenhuma igual a ti.

VIII

As paisagens alpinas, ei-las, a criar
10 Um fundo para contemplar-se: a admiração
É um rápido sentir, de duração vulgar;
Mas são de algo melhor, tais cenas, ocasião:
Aqui, estar só não é desconsolado estar;
Muito de desejável colhe-me a visão,
15 E sobretudo um lago, o qual, para se ver,
Mais lindo, caro não, que o nosso vem a ser.

IX

Se estivesses comigo! — eu torno-me no entanto
O ludíbrio de meus desejos, a me esqueço
De que essa própria solidão que louvei tanto
20 Neste único pesar perdeu todo o seu preço,
Pode haver — mostro-o menos — qualquer outro pranto;
— Não sou dos de ânimo queixoso, mas pareço
Minha filosofia na vazante aluir
E ter no olho alterado a maré, a subir.

---

15 E sobretudo um lago, o qual, para se ver]   O lago Leman e o lago junto
à Abadia de Newstead.

X

I did remind thee of our own dear Lake,
By the old Hall which may be mine no more.
Leman's is fair; but think not I forsake
The sweet remembrance of a dearer shore:
Sad havoc Time must with my memory make,
Ere *that* or *thou* can fade these eyes before;
Though, like all things which I have loved, they are
Resigned for ever, or divided far.

XI

The world is all before me; I but ask
Of Nature that with which she will comply —
It is but in her summer's sun to bask,
To mingle with the quiet of her sky,
To see her gentle face without a mask,
And never gaze on it with apathy.
She was my early friend, and now shall be
My sister — till I look again on thee.

XII

I can reduce all feelings but this one;
And that I would not; — for at length I see
Such scenes as those wherein my life begun.
The earliest — even the only paths for me —
Had I but sooner learnt the crowd to shun,
I had been better than I now can be;
The passions which have torn me would have slept;
I had not suffered, and *thou* hadst not wept.

X
Eu recordei-te nosso lago tão querido
Junto à velha mansão que poderei perder.
Belo é o Leman; não cuides haja eu preterido
Na lembrança outras margens, ou no bem-querer.
Minha memória, o tempo já a terá destruído
Antes de *aquele*, ou *tu*, à vista me esvaecer,
Embora, como todos já por mim amados,
Estejais longe, ou para sempre renunciados.

XI
O mundo inteiro está ante mim; à natureza
Só peço aquilo com que irá condescender:
— Dar-me um sol de verão que poupe da frieza,
Misturar-me com a calma de seu céu, e ver
Sem máscara o seu rosto cheio de brandeza,
Nunca fitá-lo com apatia. Vinha a ser
Ela a minha primeira amiga e será agora
A minha irmã — até eu ver-te, alguma hora.

XII
Os sentimentos posso frear, mas esse não;
Nem eu o quereria; — vejo finalmente
Cenas como as da vida em sua iniciação.
As mais antigas — minhas trilhas, tão-somente —
Mais cedo houvesse eu evitado a multidão,
Melhor teria eu sido do que no presente;
Lacerantes paixões teriam sossegado;
Sofrido não teria *eu*, nem *tu* chorado.

XIII

With false Ambition what had I to do?
Little with Love, and least of all with Fame;
And yet they came unsought, and with me grew,
And made me all which they can make — a name.
Yet this was not the end I did pursue;
Surely I once beheld a nobler aim.
But all is over — I am one the more
To baffled millions which have gone before.

XIV

And for the future, this world's future may
From me demand but little of my rare;
I have outlived myself by many a day;
Having survived so many things that were;
My years have been no slumber, but the prey
Of seaseless vigils; for I had the share
Of life which might have filled a century,
Before its fourth in time had passed me by.

XV

And for the remnant which may be to come
I am content; and for the past I feel
Not thankless, — for within the crowded sum
Of struggles, happiness at times would steal,
And for the present, I would not benumb
My feelings farther. — Nor shall I conceal
That with all this I still can look around,
And worshin Nature with a thought profound.

XIII
Com a falsa ambição que tinha eu a fazer?
Pouco com o amor, menos de tudo com o renome;
Mas vieram sem procura, e entraram de crescer
E me fizeram quanto podem — dar um nome.
Mas tal não era a meta para eu escolher;
De alvo mais nobre outrora eu tive a nobre fome.
Mas tudo terminou: — sou um a mais, somente,
Entre os milhões frustrados que partiram à frente.

XIV
Quanto ao futuro, o deste mundo poderia
Demandar-me somente mínima atenção;
A mim próprio sobrevivi por muito dia;
Perduro, e tantas coisas, tantas, já não são;
Meu tempo não foi sono, sob a tirania
De incessantes vigílias: tive eu a porção
De vida que podia a um séc'lo ter enchido
Antes que a quarta parte houvesse me servido.

XV
Quanto ao restante que me pode ainda vir,
Estou contente; e sinto eu, quanto ao passado,
Alguma gratidão; pois no denso montante
De lutas, a ventura tem de leve andado;
Quanto ao presente, eu não queria mais um instante
Dormir meus sentimentos. — Mostro de bom grado
Que eu posso, com tudo isso, ainda em torno olhar,
E com um pensar profundo a natureza amar.

XVI

For thee, my own sweet sister, in thy heart
I know myself secure, as thou in mine;
We were and are — I am, even as thou art —
Beings who ne'er each other can resign;
It is the same, together or apart,
From life's commencement to its slow decline
We are entwined — let death come slow or fast,
The tie which bound the first endures the last!

XVI

Minha querida irmã, sinto-me resguardado,
Tal como tu no meu, dentro em teu coração;
Fomos e somos — sou, e assim és por teu lado,
Seres que não desistem um do outro, oh não;
5 É o mesmo, juntos ou um do outro separado:
Desde o início da vida à sua descensão,
Unidos — venha a morte, em breve ou devagar,
Nosso primeiro liame é o último a findar!

SONNET TO LAKE LEMAN

Rousseau — Voltaire — our Gibbon — and De Staël
   Leman! these names are worthy of thy shore,
   Thy shore of names like these! wert thou no more,
Their memory thy remembrance would recall:
5   To them thy banks were lovely as to all,
   But they have made them lovelier, for the lore
   Of mighty minds doth hallow in the core
Of human hearts the ruin of a wall
   Where dwelt the wise and wondrous; but by *thee*,
10 How much more, Lake of Beauty! do we feel,
   In sweetly gliding o'er thy crystal sea,
The wild glow of that not ungentle zeal,
   Which of the heirs of immortality
Is proud, and makes the breath of glory real!

SONETO AO LAGO LEMAN[*]

Rousseau, Voltaire, o nosso Gibbon, e De Staël:
Leman! tais nomes, dignos são dessa ribeira,
E esta de nomes tais! Passando tu, afinal,
Lembrá-los nos traria tua memória inteira;

Tua borda os encantava, e aos homens em geral,
Mas eles a tornaram inda mais fagueira,
Porquanto santifica, a mente magistral,
Nos corações a queda da parede, em poeira,

Da morada dos sábios e maravilhosos;
Mas junto a ti, lago formoso entre os formosos!
Sentimos a planar por sobre o teu cristal

O veemente esplendor de um entusiasmo real,
Que, ufano dos herdeiros da imortalidade,
Faz da respiração da glória uma verdade!

---

[*] Byron, na Suíça, morou certo tempo junto a esse lago, famoso por sua beleza. Escrito em julho de 1816, na Villa Diodati.

LINES ON HEARING THAT LADY BYRON WAS ILL

And thou wert sad — yet I was not with thee;
　　And thou wert sick, and yet I was not near;
Methought that joy and health alone could be
　　Where I was *not* — and pain and sorrow here!
And is it thus? — it is as I foretold,
　　And shall be more so; for the mind recoils
Upon itself, and the wrecked heart lies cold,
　　While heaviness collects the shattered spoils.
It is not in the storm nor in the strife
　　We feel benumbed, and wish to be no more,
　　But in the after-silence on the shore,
When all is lost, except a little life.

I am too well avenged! — but 'twas my right;
　　Whate'er my sins might be, *thou* wert not sent
To be the Nemesis who should requite —
　　Nor did Heaven choose so near an instrument.
Mercy is for the merciful! — if thou
Hast been of such, 'twill be accorded now.
Thy nights are banished from the realms of sleep. —
　　Yes! they may flatter thee, but thou shalt feel
　　A hollow agony which will not heal,
For thou art pillowed on a course too deep;
Thou hast sown in my sorrow, and must reap

VERSOS ESCRITOS AO OUVIR QUE LADY BYRON ESTAVA DOENTE*

Estavas triste — mas contigo eu não me achava;
E estavas doente, mas eu não estava aí;
Só havia júbilo e saúde — eu o pensava —
Longe de mim — tristeza e dor somente aqui!
5 E é assim? — Como eu predisse, e será sempre pior:
A alma recua sobre si, e o coração
Jaz naufragado e frio, enquanto a lentidão
Os despojos partidos reúne sem calor.
Não sentimos torpor em luta ou tempestade,
10 E, a vontade de ser, nelas não é perdida,
Porém no pós-silêncio que já a praia invade
Quando se perdeu tudo, exceto a simples vida.

Estou vingado! Mas isso era meu direito;
Se cometi pecados, tu não foste enviada
15 Para ser Nêmesis que me punisse a jeito
— Nem o céu escolheu víndice tão chegada!
Para os piedosos a piedade! Fosses tal,
Piedade agora te seria concedida.
Do reinado do sono, a noite ei-la banida.
20 Sim, podem bajular-te: sentirás um mal,
Uma cava agonia que será sem cura,
Pois a praga mais funda tens por travesseiro;

---

*"Este amargo poema foi escrito em setembro de 1816 (isto é, mais ou menos ao tempo em que o foi a 'Carta a Augusta'), mas só foi impresso em 1832. Sua ira e paixão foram provavelmente despertadas ao ouvir, de Shelley, os rumores distintos quanto à natureza das relações entre Byron e Augusta, e Byron e sua mulher; também, e pouco antes de o poema ter sido escrito, a tentativa de Mme. de Staël de reconciliar Lord e Lady Byron foi frustrada pelo fato de Lady Byron nem querer ouvir falar no assunto" (D. Dunn). Aparecem no poema Nêmesis, deusa vingadora (= víndice) dos crimes, e Clitemnestra, a esposa de Agamêmnon, que o matou. Lady Byron é caracterizada como uma "Clitemnestra moral".

The bitter harvest in a woe as real!
I have had many foes, but none like thee;
  For 'gainst the rest myself I could defend,
  And be avenged, or turn them into friend;
But thou in safe implacability
Hadst nought to dread — in thy own weakness shielded,
And in my love, which hath but too much yielded,
  And spared, for thy sake, some I should not spare;
And thus upon the world — trust in thy truth,
And the wild fame of my ungoverned youth —
  On things that were not, and on things that are —
Even upon such a basis hast thou built
A monument, whose cement hath been guilt!
  The moral Clytemnestra of thy lord,
  And hewed down, with an unsuspected sword,
Fame, peace, and hope — and all the better life
  Which, but for this cold treason of thy heart,
Might still have risen from out the grave of strife,
  And found a nobler duty than to part.
But of thy virtues didst thou make a vice,
  Trafficking with them in a purpose cold,
  For present anger, and for future gold —
And buying other's grief at any price.
And thus once entered into crooked ways,
The early truth, which was thy proper praise,
Did not still walk beside thee — but at times,
And with a breast unknowing its own crimes,
Deceit, averments incompatible,
Equivocations, and the thoughts which dwell
  In Janus-spirits — the significant eye
Which learns to lie with silence — the pretext
Of prudence, with advantages annexed —

Semeaste em minha dor, e hás de colher inteiro
O mais triste colher em tão real agrura!
Nenhum igual a ti, em tantos inimigos:
Pois contra os mais eu me podia defender,
Ou me vingar ou transformá-los em amigos;
Mas, implacável, nada tinhas a temer,
Pois a tua fraqueza qual broquel se erguia
E erguia-se este amor, que muito concedeu,
Poupando, só por ti, alguns que não devia;
E sobre o mundo assim, que em tua verdade creu
E no rumor de eu ser um moço desregrado
— Em coisas que não eram, e outras que são reais —,
Sobre essa própria base construíste a mais
Um monumento, por tua culpa cimentado!
Clitemnestra moral contra o marido erguida,
Derrubaste, com gládio insuspeitado, a calma,
Fama e esperança — e aquela mais amena vida
Que, não fosse essa fria traição de tua alma,
Tirar do túmulo da briga eu poderia
E achar dever mais nobre do que o de partir.
Porém tua virtude em vício se fazia,
Traficando com ela, com a intenção mais fria,
Pela ira do presente e o ouro do porvir
— E a um preço qualquer comprando a alheia dor.
E assim por sendas tortuosas caminhando
Tua antiga franqueza, digna de louvor,
Não mais andou contigo — mas de quando em quando,
De teus delitos ignorante o coração,
A falsidade, as asserções sem pé nem par,
As evasivas e as ideias de plantão
Em espíritos bifrontes — o expressivo olhar
Que mente com o silêncio — e ainda a pretextada
Prudência, com as vantagens a ela reunidas,

The acquiescence in all things which tend,
　No matter how, to the desired end —
　　All found a place in thy philosophy.
　The means were worthy, and the end is won —
⁵ I would not do by thee as thou hast done!

STANZAS
When a man hath no freedom to fight for at home,
　Let him combat for that of his neighbours;
Let him think of the glories of Greece and of Rome,
　And get knocked on the head for his labours.

¹⁰ To do good to mankind is the chivalrous plan,
　And is always as nobly requited;
Then battle for freedom wherever you can,
　And, if not shot or hanged, you'll get knighted.

A aquiescência nas coisas todas dirigidas
E como, não importa, à meta desejada
— Tudo isso achou lugar em tua filosofia.
Hábeis os meios, a intenção foi consumada:
— Tu me fizeste o que contigo eu não faria!

ESTÂNCIAS[*]

Liberdade não há por que lutar na pátria
   Que pela dos vizinhos se combata;
Que se pense na glória da Hélade ou de Roma,
   E se receba a morte em troca da bravata.

Fazer o bem à humanidade é o fim cavalheiresco,
   E sempre nobremente ele é recompensado;
Lutai portanto pela liberdade onde puderdes:
   Sofreis fuzil ou forca, ou sois condecorado.

---

[*]Composto em novembro de 1820.

ODE TO NAPOLEON BUONAPARTE

'Tis done — but yesterday a King!
    And armed with kings to strive —
And now thou art a nameless thing:
    So abject — yet alive!
Is this the man of thousand thrones,
Who strewed our earth with hostile bones,
    And can he thus survive?
Since he, miscalled the Morning Star,
Nor man nor fiend hath fallen so far.

Ill-minded man! why scourge thy kind
    Who bowed so low the knee?
By gazing on thyself grown blind,
    Thou taughtest the rest to see.
With might unquestioned — power to save —
Thine only gift hath been the grave,
    To those that worshipped thee;
Nor till thy fall could mortals guess
Ambition's less than littleness!

ODE A NAPOLEÃO BONAPARTE[*]

Tudo acabado: Ontem um rei, porém!
E armado para com outros reis lutar,
És hoje um ser que já nem nome tem!
 Estar tão degradado — e vivo estar!
Este é o homem de mil tronos, então,
Que de ossos de inimigos recobriu o chão
 E pode em tal vileza perdurar?
Como o anjo Estrela da Manhã, tão mal chamado,
Homem nem demo, após, tão baixo foi lançado.

Por que açoitar, homem mal tencionado!
Tua espécie que soube o joelho flexionar?
Transfeito em cego, por te olhares demasiado,
 Tu ensinaste os outros a enxergar!
Com o poder de salvar — inquestionado e forte —
 Tua dádiva foi tão-só a morte
 Para quem viveu sempre a te adorar:
Até caíres nem sonharam os mortais
Que é mais a pequenez do que a ambição, tão mais!

---

[*] Byron era favorável a Napoleão e só uma vez, lembra-o Bertrand Russell, se voltou contra o seu herói: nesta ode, que damos como curiosidade, o suicídio de Napoleão seria melhor, julgava Byron em 1814, do que a renúncia e a ilha de Elba. Mas, assinala ainda Russell, durante os Cem Dias Byron proclamou seu desejo de que Napoleão triunfasse e, ao receber a notícia de Waterloo, disse: "Lamento-o terrivelmente". O mito de Napoleão destruidor de reis e, portanto, mais próximo do povo, foi explorado em nosso Romantismo. O "Napoleão em Waterloo", de Gonçalves de Magalhães, é um documento exponencial da supra-humanização do herói.

---

8 Como o anjo Estrela da Manhã, tão mal chamado] Lúcifer.   **16** Para quem viveu sempre a te adorar] Mílon de Crotona tentou abrir com as mãos um tronco já fendido de carvalho. Ficou preso e foi devorado pelas feras. Esse atleta do século VI a. C., várias vezes vencedor dos jogos olímpicos, tentou o feito que o levou à morte ao ficar velho.

Thanks for that lesson — it will teach
    To after-warriors more,
Than high philosophy can preach,
    And vainly preached before.
That spell upon the minds of men
Breaks never to unite again,
    That led them to adore
Those Pagod things of sabre-sway,
With fronts of brass, and feet of clay.

The triumph, and the vanity,
    The rapture of the strife —
The earthquake voice of victory,
    To thee the breath of life;
The sword, the sceptre, and that sway
Which man seemed made but to obey,
    Wherewith renown was rife —
All quelled! — Dark Spirit! what must be
The madness of thy memory!

The desolator desolate!
    The victor overthrown!
The arbiter of others' fate
    A suppliant for his own!
Is it some yet imperial hope,
That with such change can calmly cope?
    Or dread of death alone?
To die a prince — or live a slave —
Thy choice is most ignobly brave!

Graças por tal lição, que há de ensinar,
Depois de ti, bem mais ao combatente
Do que a filosofia pode predicar
E foi em vão pregado anteriormente.
5 Rompe-se para não se restaurar jamais
Aquele encanto sobre a mente dos mortais
Que os levou a cultuar fervidamente
Tais ídolos — que do poder da espada advêm
E têm fronte de bronze e pés de barro têm!

10   O triunfo, e a vanglória,
           O arroubo da luta renhida,
        A voz de terremoto da vitória,
           Para ti o sopro da vida;
A espada, o cetro, e aquele teu poder
15 Que os homens pareciam ter de obedecer
        E de que a fama estava tão provida
— Tudo caiu! — Sombrio espírito! que história
Mais louca não será tua memória!

           O vitorioso, derrotado;
20   Desolado, o desolador:
           O árbitro do alheio fado
           Feito, do seu, suplicador!
        Existe de imperar inda esperança
        Que possa competir com essa mudança?
25   Ou só da morte o terror?
Morrer príncipe — ou viver escravo, à toa,
Só na vileza a tua escolha é boa!

---

11 O arroubo da luta renhida] Anota Byron que a expressão "the rapture of the strife" corresponde a "certaminis gaudia" — expressão de Átila em fala ao seu exército antes da batalha de Chalons, expressão essa registrada por Cassiodoro.

He who of old would rend the oak,
　　Dreamed not of the rebound;
Chained by the trunk he vainly broke —
　　Alone — how looked he round?
Thou, in the sternness of thy strength,
An equal deed hast done at length,
　　And darker fate hast found:
He fell, the forest prowlers' prey;
But thou must eat thy heart away!

The Roman, when his burning heart
　　Was slaked with blood of Rome,
Threw down the dagger — dared depart,
　　In savage grandeur, home.
He dared depart in utter scorn
Of men that such a yoke had borne,
　　Yet left him such a doom!
His only glory was that hour
Of self-upheld abandoned power.

The Spaniard, when the lust of sway
　　Had lost its quickening spell,
Cast crowns for rosaries away,
　　An empire for a cell;
A strict accountant of his beads,
A subtle disputant on creeds,
　　His dotage trifled well:
Yet better had he neither known
A bigot's shrine, nor despot's throne.

O que queria abrir o roble antigamente
    Não pensava no risco do retorno:
Preso no tronco que forçara inutilmente
— Sozinho — como procurava em torno?
    Tu, na rudez de teu vigor
Cumpriste cabalmente um feito de igual cor,
E teve, o fado teu, negríssimo contorno:
Se a fera da floresta devorou então,
Deves a pouco e pouco roer o coração!

Quando o romano teve o coração ardente
    Com o sangue de Roma saciado,
Largou a adaga, e ousou rumar consciente,
E com rude grandeza, para o lar amado.
Ousou partir com extrema derrisão
De homens que haviam suportado tal grilhão,
    Mas lhe deixavam esse fado!
Sua glória foi só essa hora alada
De força, que alcançara só, abandonada.

O espanhol, quando o mando voluptuário
    Perdeu o encanto estimulante,
As coroas trocou pelo rosário,
O império pela cela sufocante!
Quer das camândulas estrito contador,
    Quer dos credos sutil discutidor,
    Seu dote ele esbanjou bem e bastante:
Melhor não conhecesse, no seu dia humano,
O santuário do beato e o trono do tirano.

---

10 Quando o romano teve o coração ardente] Cincinato, célebre pela simplicidade de seus costumes, após ter sido cônsul (460 a. C.) e duas vezes ditador, retornou às lides do campo e à charrua. **19** O espanhol, quando o mando voluptuário] O imperador Carlos V de Espanha, que renunciou ao trono e recolheu-se ao convento.

But thou — from thy reluctant hand
    The thunderbolt is wrung —
Too late thou leavest the high command
    To which thy weakness clung;
All evil spirit as thou art,
It is enough to grieve the heart
    To see thine own unstrung;
To think that God's fair world hath been
The footstool of a thing so mean;

And earth hath spilt her blood for him,
    Who thus can hoard his own!
And monarchs bowed the trembling limb,
    And thanked him for a throne!
Fair freedom! we may hold thee dear,
When thus thy mightiest foes their fear
    In humblest guise have shown.
Oh! ne'er may tyrant leave behind
A bright name to lure mankind!

Thine evil deeds are writ in gore,
    Nor written thus in vain —
Thy triumphs tell of fame no more,
    Or deepen every stain:
If thou hadst died as honour dies,
Some new Napoleon might arise,
    To shame the world again —
But who would soar the solar height,
To set in such a starless night?

Mas tu — de tua mão que estava relutando
  O raio trovejante foi tirado —
    Deixas bem tarde o alto comando
Ao qual tua fraqueza tinha-se agarrado;
  Embora em tudo espírito malsão,
Basta para oprimir o nosso coração
    Ver o teu entibiado;
E esse mundo de Deus tem sido — é crível? —
O escabelo de um ser tão desprezível.

Se para ele a terra derramou seu sangue,
O sangue próprio pode ele resguardar!
E os reis curvaram, a tremer, o joelho langue,
Gratos por ele o trono lhes deixar!
Liberdade! Podemos ver o teu valor,
Se os teus mais fortes adversários seu pavor
    Humildemente vieram a mostrar.
Oh, que não possa o déspota legar jamais
Um nome rútilo que engode a nós, mortais!

Cada maldade tua em sangue está escrita,
    Porém não foi escrita em vão:
A fama, cada triunfo teu já não a incita,
Ou já de cada mancha agrava a abjeção.
Se como a honra morre houvesses tu morrido,
Poderia surgir novo tirano ardido
Para vexar o mundo em mais uma versão.
    — Mas quem tão alto como o sol voaria
Para criar noite sem astros, tão sombria?

Weighed in the balance, hero dust
    Is vile as vulgar clay;
Thy scales, mortality! are just
    To all that pass away:
But yet methought the living great
Some higher sparks should animate,
    To dazzle and dismay:
Nor deemed contempt could thus make mirth
Of these, the conquerors of the earth.

And she, proud Austria's mournful flower,
    Thy still imperial bride;
How bears her breast the torturing hour?
    Still clings she to thy side?
Must she too bend, must she too share
Thy late repentance, long despair,
    Thou throneless homicide?
If still she loves thee, hoard that gem;
'Tis worth thy vanished diadem!

Then haste thee to thy sullen isle,
    And gaze upon the sea;
That element may meet thy smile —
    It ne'er was ruled by thee!
Or trace with thine all idle hand,
In loitering mood upon the sand,
    That earth is now as free!
That Corinth's pedagogue hath now
Transferred his by-word to thy brow.

O pó do herói, pesado na balança,
    É vil, tal como o barro mais vulgar;
Teu par de pratos, ó mortalidade, alcança
Quem quer que esteja destinado a se findar;
5 Porém os vivos, quando grandes, eu o cria,
    Chispa mais alta é que os animaria,
Para virem a deslumbrar e apavorar!
Nem julguei que o desdém zombar assim pudesse
De tanto vencedor do mundo, que os padece.

10 E ela, a tristonha flor da Áustria orgulhosa,
    A tua esposa inda imperial,
Como aguenta seu peito a hora angustiosa?
    Inda a teu lado está ela, afinal?
Ela também deve inclinar-se e partilhar
15 Tua tarda compunção, desperançado ar,
Tu, homicida que perdeste a insígnia real?
Se ela te ama ainda, guarda bem tal gema,
    Que vale o teu perdido diadema!

Vai então para tua ilha sombria
20   E as águas põe-te a olhar;
O teu sorriso, a onda o desafia,
    — Nunca a vieste a governar!
Ou traça com tua mão de todo ociosa,
Na areia, com uma têmpera morosa,
25 Que a terra agora está tão livre como o mar!
Que o pedagogo de Corinto a sua sentença
Agora transferiu para tua fronte pensa.

19 Vai então para tua ilha sombria] A ilha de Elba. 26 Que o pedagogo de Corinto a sua sentença] Segundo B. Laroche, "Dionísio, o jovem, que passa por ter sido tirano ainda maior que o pai dele. Banido duas vezes de Siracusa, retirou-se para Corinto, onde se fez mestre-escola para ganhar a vida". Ocorre-nos, todavia, um dos sete sábios da Grécia, também tirano, Periandro de Corinto, que nos deixou a máxima não seguida por Napoleão: "Previdência em todas as coisas".

Thou Timour! in his captive's cage
    What thoughts will there be thine,
While brooding in thy prisoned rage?
    But one — 'The world *was* mine!'
Unless, like he of Babylon,
All sense is with thy sceptre gone,
    Life will not long confine
That spirit poured so widely forth —
So long obeyed — so little worth!

Or, like the thief of fire from heaven,
    Wilt thou withstand the shock?
And share with him, the unforgiven,
    His vulture and his rock!
Foredoomed by God — by man accurst,
And that last act, though not thy worst,
    The very Fiend's arch mock;
He in his fall preserved his pride,
And, if a mortal, had as proudly died!

There was a day — there was an hour,
    While earth was Gaul's — Gaul thine —
When that immeasurable power
    Unsated to resign
Had been an act of purer fame
Than gathers round Marengo's name
    And gilded thy decline,
Through the long twilight of all time,
Despite some passing clouds of crime.

Tu, ó Timur! em sua jaula de cativo
   Qual há de ser o pensamento teu,
Ao veres que está preso o teu furor tão vivo!
   Apenas um: "O mundo já me *pertenceu*!"
5 A menos, como o babilônio decaído,
Que com teu cetro todo o senso hajas perdido,
Por muito a vida não terá no cárcere seu
O teu espírito que fluiu extensamente,
Tanto tempo acatado, mas tão indigente!

10 Do fogo celestial houve o que foi ladrão:
   Quererás aguentar-lhe o dissabor?
E compartir com ele, o que não viu perdão,
   O seu rochedo e o seu açor!
Por Deus fadado, pelo homem amaldiçoado,
15 Esse último ato teu — não o mais depravado
A abóboda do diabo leva em derrisão;
Ele manteve o orgulho, em sua descaída,
E, se mortal, com orgulho igual perdera a vida!

Um dia, uma hora vieram a ocorrer,
20 Quando a terra era a Gália, a Gália, teu lugar,
   Quando aquele imensíssimo poder,
   Não saciado para resignar,
Teria feito ação de mais puro renome
Que a que vive em Marengo a lhe rodear o nome
25   E redourou teu descambar
Através do crepúsculo da era inteira,
Apesar de algum crime — nuvem passageira.

---

1 Tu, ó Timur! em sua jaula de cativo] "A jaula de Bajazet, por ordem de Tamerlão" (Byron). O primeiro foi sultão otomano sempre vencedor (1347–1403), mas acabou capturado por Tamerlão em Ancira (1402).   **10** Do fogo celestial houve o que foi ladrão:] Prometeu.

But thou forsooth must be a king
    And don the purple vest,
As if that foolish robe could wring
    Remembrance from thy breast.
Where is that faded garment? where
The gewgaws thou wert fond to wear,
    The star, the string, the crest?
Vain froward child of empire! say,
Are all thy playthings snatched away?

Where may the wearied eye repose,
    When gazing on the great;
Where neither guilty glory glows,
    Nor despicable state?
Yes — One — the first — the last — the best —
The Cincinnatus of the West,
    Whom envy dared not hate,
Bequeath the name of Washington,
To make man blush there was but One!

Mas tu deves ser rei, rei inconteste,
  E o traje púrpura envergar,
Como se conseguisse, tão simplória veste,
  De teu peito as lembranças arrancar.
  Onde está esse manto que perdeu a cor?
  Onde as nonadas que eram teu fervor,
    A estrela, a fita, o cocar?
Dize, filho do império, irracional e vão!
Teus brinquedos, tiraram-nos de tua mão?

Onde terá repouso a vista, já cansada,
Quando se volte para os grandes a visão;
  Onde não brilha glória não culpada,
  Nem desprezível condição?
  Sim, o primeiro, o último, o excelente,
    O Cincinato do Ocidente,
Em quem a inveja não ousou pôr o ferrão:
  Lega o nome de Washington, tão-só,
Para que os homens corem de ter sido um só!

---

10 Onde terá repouso a vista, já cansada] Depois de ter sido duas vezes presidente dos Estados Unidos, de que foi libertador, Washington voltou, como Cincinato, para os trabalhos agrícolas.

COLEÇÃO DE BOLSO HEDRA

1. *Iracema*, Alencar
2. *Don Juan*, Molière
3. *Contos indianos*, Mallarmé
4. *Auto da barca do Inferno*, Gil Vicente
5. *Poemas completos de Alberto Caeiro*, Pessoa
6. *Triunfos*, Petrarca
7. *A cidade e as serras*, Eça
8. *O retrato de Dorian Gray*, Wilde
9. *A história trágica do Doutor Fausto*, Marlowe
10. *Os sofrimentos do jovem Werther*, Goethe
11. *Dos novos sistemas na arte*, Maliévitch
12. *Mensagem*, Pessoa
13. *Metamorfoses*, Ovídio
14. *Micromegas e outros contos*, Voltaire
15. *O sobrinho de Rameau*, Diderot
16. *Carta sobre a tolerância*, Locke
17. *Discursos ímpios*, Sade
18. *O príncipe*, Maquiavel
19. *Dao De Jing*, Laozi
20. *O fim do ciúme e outros contos*, Proust
21. *Pequenos poemas em prosa*, Baudelaire
22. *Fé e saber*, Hegel
23. *Joana d'Arc*, Michelet
24. *Livro dos mandamentos: 248 preceitos positivos*, Maimônides
25. *O indivíduo, a sociedade e o Estado, e outros ensaios*, Emma Goldman
26. *Eu acuso!*, Zola | *O processo do capitão Dreyfus*, Rui Barbosa
27. *Apologia de Galileu*, Campanella
28. *Sobre verdade e mentira*, Nietzsche
29. *O princípio anarquista e outros ensaios*, Kropotkin
30. *Os sovietes traídos pelos bolcheviques*, Rocker
31. *Poemas*, Byron
32. *Sonetos*, Shakespeare
33. *A vida é sonho*, Calderón
34. *Escritos revolucionários*, Malatesta
35. *Sagas*, Strindberg
36. *O mundo ou tratado da luz*, Descartes
37. *O Ateneu*, Raul Pompeia
38. *Fábula de Polifemo e Galateia e outros poemas*, Góngora
39. *A vênus das peles*, Sacher-Masoch
40. *Escritos sobre arte*, Baudelaire
41. *Cântico dos cânticos*, [Salomão]
42. *Americanismo e fordismo*, Gramsci
43. *O princípio do Estado e outros ensaios*, Bakunin
44. *O gato preto e outros contos*, Poe
45. *História da província Santa Cruz*, Gandavo
46. *Balada dos enforcados e outros poemas*, Villon
47. *Sátiras, fábulas, aforismos e profecias*, Da Vinci
48. *O cego e outros contos*, D.H. Lawrence

49. *Rashômon e outros contos*, Akutagawa
50. *História da anarquia (vol. 1)*, Max Nettlau
51. *Imitação de Cristo*, Tomás de Kempis
52. *O casamento do Céu e do Inferno*, Blake
53. *Cartas a favor da escravidão*, Alencar
54. *Utopia Brasil*, Darcy Ribeiro
55. *Flossie, a Vênus de quinze anos*, [Swinburne]
56. *Teleny, ou o reverso da medalha*, [Wilde et al.]
57. *A filosofia na era trágica dos gregos*, Nietzsche
58. *No coração das trevas*, Conrad
59. *Viagem sentimental*, Sterne
60. *Arcana Cœlestia e Apocalipsis revelata*, Swedenborg
61. *Saga dos Volsungos*, Anônimo do séc. XIII
62. *Um anarquista e outros contos*, Conrad
63. *A monadologia e outros textos*, Leibniz
64. *Cultura estética e liberdade*, Schiller
65. *A pele do lobo e outras peças*, Artur Azevedo
66. *Poesia basca: das origens à Guerra Civil*
67. *Poesia catalã: das origens à Guerra Civil*
68. *Poesia espanhola: das origens à Guerra Civil*
69. *Poesia galega: das origens à Guerra Civil*
70. *O chamado de Cthulhu e outros contos*, H.P. Lovecraft
71. *O pequeno Zacarias, chamado Cinábrio*, E.T.A. Hoffmann
72. *Tratados da terra e gente do Brasil*, Fernão Cardim
73. *Entre camponeses*, Malatesta
74. *O Rabi de Bacherach*, Heine
75. *Bom Crioulo*, Adolfo Caminha
76. *Um gato indiscreto e outros contos*, Saki
77. *Viagem em volta do meu quarto*, Xavier de Maistre
78. *Hawthorne e seus musgos*, Melville
79. *A metamorfose*, Kafka
80. *Ode ao Vento Oeste e outros poemas*, Shelley
81. *Oração aos moços*, Rui Barbosa
82. *Feitiço de amor e outros contos*, Ludwig Tieck
83. *O corno de si próprio e outros contos*, Sade
84. *Investigação sobre o entendimento humano*, Hume
85. *Sobre os sonhos e outros diálogos*, Borges | Osvaldo Ferrari
86. *Sobre a filosofia e outros diálogos*, Borges | Osvaldo Ferrari
87. *Sobre a amizade e outros diálogos*, Borges | Osvaldo Ferrari
88. *A voz dos botequins e outros poemas*, Verlaine
89. *Gente de Hemsö*, Strindberg
90. *Senhorita Júlia e outras peças*, Strindberg
91. *Correspondência*, Goethe | Schiller
92. *Índice das coisas mais notáveis*, Vieira
93. *Tratado descritivo do Brasil em 1587*, Gabriel Soares de Sousa
94. *Poemas da cabana montanhesa*, Saigyō
95. *Autobiografia de uma pulga*, [Stanislas de Rhodes]
96. *A volta do parafuso*, Henry James
97. *Ode sobre a melancolia e outros poemas*, Keats
98. *Teatro de êxtase*, Pessoa
99. *Carmilla — A vampira de Karnstein*, Sheridan Le Fanu

100. *Pensamento político de Maquiavel*, Fichte
101. *Inferno*, Strindberg
102. *Contos clássicos de vampiro*, Byron, Stoker e outros
103. *O primeiro Hamlet*, Shakespeare
104. *Noites egípcias e outros contos*, Púchkin
105. *A carteira de meu tio*, Macedo
106. *O desertor*, Silva Alvarenga
107. *Jerusalém*, Blake
108. *As bacantes*, Eurípides
109. *Emília Galotti*, Lessing
110. *Contos húngaros*, Kosztolányi, Karinthy, Csáth e Krúdy
111. *A sombra de Innsmouth*, H.P. Lovecraft
112. *Viagem aos Estados Unidos*, Tocqueville
113. *Émile e Sophie ou os solitários*, Rousseau
114. *Manifesto comunista*, Marx e Engels
115. *A fábrica de robôs*, Karel Tchápek
116. *Sobre a filosofia e seu método — Parerga e paralipomena (v. II, t. 1)*, Schopenhauer
117. *O novo Epicuro: as delícias do sexo*, Edward Sellon
118. *Revolução e liberdade: cartas de 1845 a 1875*, Bakunin
119. *Sobre a liberdade*, Mill
120. *A velha Izerguil e outros contos*, Górki
121. *Pequeno-burgueses*, Górki
122. *Um sussurro nas trevas*, H.P. Lovecraft
123. *Primeiro livro dos Amores*, Ovídio
124. *Educação e sociologia*, Durkheim
125. *Elixir do pajé — poemas de humor, sátira e escatologia*, Bernardo Guimarães
126. *A nostálgica e outros contos*, Papadiamántis
127. *Lisístrata*, Aristófanes
128. *A cruzada das crianças/ Vidas imaginárias*, Marcel Schwob
129. *O livro de Monelle*, Marcel Schwob
130. *A última folha e outros contos*, O. Henry
131. *Romanceiro cigano*, Lorca
132. *Sobre o riso e a loucura*, [Hipócrates]
133. *Hino a Afrodite e outros poemas*, Safo de Lesbos
134. *Anarquia pela educação*, Élisée Reclus
135. *Ernestine ou o nascimento do amor*, Stendhal
136. *A cor que caiu do espaço*, H.P. Lovecraft
137. *Odisseia*, Homero
138. *O estranho caso do Dr. Jekyll e Mr. Hyde*, Stevenson

Edição _	Jorge Sallum
Coedição _	André Fernandes e Bruno Costa
Capa e projeto gráfico _	Júlio Dui e Renan Costa Lima
Programação em LaTeX _	Marcelo Freitas
Revisão _	Bruno Costa e Iuri Pereira
Assistência editorial _	Bruno Oliveira
Colofão _	Adverte-se aos curiosos que se imprimiu esta obra em nossas oficinas em 31 de outubro de 2011, em papel off-set 90 g/m², composta em tipologia Minion Pro, em GNU/Linux (Gentoo, Sabayon e Ubuntu), com os softwares livres LaTeX, DeTeX, vim, Evince, Pdftk, Aspell, svn e TRAC.